ESSAI

SUR

LA DETTE PUBLIQUE.

ESSAI

SUR LA

DETTE PUBLIQUE,

PAR

M. LE COLONEL VICOMTE DE TISSEUIL.

Vitam impendere vero patriæ et regi.

PARIS.

A. J. KILIAN, LIBRAIRE, RUE DE CHOISEUL, N° 3.

M DCCC XXIX.

AVANT-PROPOS.

Article du *Moniteur,* du 20 juillet 1828.

RAPPORT DE M. DE LUR-SALUCES, AU NOM DE LA COMMISSION DES PÉTITIONS,

4e page, 2e alinéa.

« M. le vicomte de Tisseuil, à Paris, présente un Mémoire « sur la nécessité de changer le système actuel de l'amortisse- « ment; l'auteur du Mémoire est d'avis, 1° que l'amortissement « liquide les rentes 5 pour cent, de préférence aux rentes 3 pour « cent, par la raison qu'aux cours respectifs de ces deux rentes, « il place par ce moyen sa dotation d'une manière plus avanta- « geuse; 2° que l'amortissement soit rétabli à intérêts composés, « tel qu'il l'était avant la création des rentes 3 pour cent, parce « que cet amortissement emploie et moins d'argent et moins de « temps à libérer de l'ancienne dette.

« M. de Tisseuil se livre à des calculs, à des tableaux compa- « ratifs, pour prouver la supériorité de son système, et spéciale- « ment combien est plus prompte, plus avantageuse aux contri- « buables la libération par le mode des intérêts composés. Livré « dès sa jeunesse à l'étude des sciences exactes, occupé depuis « long-temps des finances de la France, il a mûrement médité le « projet qu'il présente appuyé sur les vérités mathématiques. « Ce Mémoire est évidemment l'ouvrage d'un homme de bien

« qui désire contribuer à l'avantage de son pays; il renferme des « vues, des aperçus utiles : par ces divers motifs, votre commis- « sion a l'honneur de vous en proposer le renvoi à M. le Ministre « des finances, et au dépôt des renseignemens. (Adopté.) »

Encouragé par le suffrage dont la Commission des pétitions et la Chambre des députés ont daigné honorer quelques-uns de mes calculs sur nos finances, j'ose offrir au public un projet basé sur une suite de preuves mathématiques dont je réclame la vérification la plus sévère.

L'adoption de ce plan assurerait au trésor la disponibilité d'une somme de trente millions par an, pendant le temps nécessaire à l'extinction de la dette actuelle, si l'opinion de son remboursement total prévalait.

Il ferait aux rentiers de toutes les classes un amortissement juste et avantageux de leurs capitaux, sans négliger les soins dûs aux intérêts des contribuables.

Il fournirait dans toutes les provinces des fonds à 3 pour cent aux propriétaires victimes de quelques désastres.

Enfin, ce projet procurerait à l'État, pendant le même temps, un revenu très-considérable, indépendamment de la remise annuelle des trente millions ci-dessus énoncés, et beaucoup d'autres avantages.

L'auteur ne se dissimule point qu'il est en opposition avec des idées généralement reçues; mais si ces idées sont ou des routines ou des préjugés, et si les conceptions qu'il essaie de leur substituer lui paraissent des vérités utiles, incontestables, il doit tenter de les faire adopter, il le doit à la prospérité de son pays, il le doit au bonheur de son Roi.

Le Vicomte de TISSEUIL.

ESSAI

SUR

LA DETTE PUBLIQUE.

DE LA DETTE EN GÉNÉRAL.

La dette impose l'obligation de rendre à autrui tout ce qu'on a reçu de lui : cette obligation, dictée par la justice, doit être commune, sans exception, à tous les débiteurs ; si le prêt est fait à titre onéreux, si celui qui fournit la chose demandée exige récompense, ce prix doit être fixé par une convention, et les conditions peuvent varier suivant les circonstances ; ce prix est connu sous le nom d'intérêt : cet intérêt est mesuré sur un *capital unité* qui est choisi pour terme de comparaison ; mais celui qui a besoin est dans la dépendance de celui qui possède ; la supériorité de la position du prêteur pourrait lui permettre d'abuser de celle de l'emprunteur; le législateur dans sa sagesse a dû intervenir pour fixer la valeur du prêt, afin de déterminer la limite de l'intérêt exigible pour l'argent ; il a choisi, pour unité de comparaison, la mesure la plus simple, l'unité suivie de deux zéros, qu'il a décorée du noble nom de *pair* : il a statué que jamais cette somme 100 ne pourrait rapporter plus de 5 dans les transactions civiles entre particuliers ; le législateur a toléré 6 pour les affaires du commerce ; c'est à cette mesure que sont comparés tous les capitaux ; c'est à l'intérêt de ce capital *unité*, que sont comparées toutes les rentes : ce *pair* est la mesure nécessaire de tous les calculs ; il sert à trouver la rente d'un capital et le capital d'une rente, lorsque l'intérêt est connu.

Il est évident, d'après cette convention imposée légalement à toutes les parties contractantes :

1° Que la rente de la somme prêtée est le total de tous les intérêts pour 100, *capital unité*.

2° Que le montant de tous les capitaux unités de ces intérêts forme le capital du prêt.

3° Que l'intérêt p. % est contenu dans le capital unité autant de fois que la rente est comprise dans la somme prêtée.

Conséquemment, si on prend la rente pour la dotation du remboursement, le quotient du capital du prêt divisé par la rente, et le quotient du capital unité divisé par l'intérêt, donneront également la durée de l'amortissement.

EXEMPLE.

Capital 1000 fr. à l'intérêt 5 pour %, donne revenu ou rente 50 fr.;

Mais $\left\{\begin{array}{l}\text{Capital... } 1000 \\ \text{divisé par } \overline{} \\ \text{pair....... } 100\end{array}\right\} = 10$ et $\left\{\begin{array}{l}\text{Rente...... } 50 \\ \text{divisée par } \overline{} \\ \text{intérêt..... } 5\end{array}\right\} = 10$ $\left\{\begin{array}{l}\text{Capital... } 1000 \\ \text{divisé par } \overline{} \\ \text{Rente.... } 50\end{array}\right\}$ Durée $= 20$.

Pair 100, divisé par intérêt 5, donne aussi quotient 20 pour durée du remboursement.

Il en serait de même de toute autre somme et de toute autre intérêt, parce que le pair est l'élément générateur du capital du prêt, et l'intérêt du pair est l'élément générateur de la rente que produit la somme prêtée. L'existence de ces élémens est tellement coordonnée, qu'il est impossible que le capital de chaque emprunt divisé par la rente, et le pair divisé par l'intérêt, ne donnent pas le même quotient pour chaque somme prêtée. 100 peut donc être considéré comme l'expression du capital de tout emprunt, car il en est toujours le capital *unité*.

Cette analyse exacte des élémens de la dette est très importante:

DU REMBOURSEMENT.

Les emprunts entre particuliers ne doivent être faits que légalement. La somme prêtée doit être intégralement rendue; quel que soit l'intérêt, il faut que le remboursement soit égal au produit de la rente multipliée par le nombre de fois que cette rente est contenue dans le capital de l'emprunt : si le remboursement est fait par parties, sa durée dépendra de la somme qu'on emploiera par an pour effectuer la libération ; cette durée sera d'autant plus longue que la portion rendue sera plus petite, et *vice versâ*. Si je prends l'intérêt p. °/o pour dotation annuelle de l'amortissement successif de la rente de l'emprunt, le quotient du *pair* 100 divisé par l'intérêt p. °/o, indiquera et la durée de la liquidation du capital de la dette, et la durée du paiement de sa rente, car le capital et la rente diminueront simultanément de la même manière, par la raison que l'intérêt de chaque capital unité s'éteint par l'action seule du remboursement de ce capital partiel. Mais si la rente multipliée par la durée de la liquidation donne son capital pour produit, l'intérêt pour 100 multiplié par la même durée, donne aussi nécessairement pour produit le capital unité du remboursement. Il en résulte que le pair 100 peut aussi être considéré comme l'expression de la valeur du capital du remboursement.

EXEMPLE.

	INTÉRÊTS.	DOTATIONS.	DURÉE.	EXPRESSIONS du prêt et du remboursement.
Emprunts à....	5 pour °/o	5	20 ans.	$5 \times 20 = 100$
	4 pour °/o	4	25 »	$4 \times 25 = 100$
	3 pour °/o	3	33 1/3 »	$3 \times 33\ 1/3 = 100$

Le capital du prêt et le capital de son remboursement sont deux produits identiques, composés chacun de deux facteurs en raison inverse : l'intérêt p. °/o, et la durée de l'amortissement. On voit que ces deux facteurs peuvent varier dans certaines limites, sans changer leurs produits, et conséquemment l'équité de la restitution, tant que les produits seront les mêmes. Donc, si la durée de la liquidation diminue sans augmenter la dotation, l'intérêt de cette dotation grandira au remboursement. Ce principe est incontestable et riche en résultats avantageux.

La rente varie comme l'intérêt, mais le capital est fixe.

Le prêteur ne peut rien perdre de son capital, parce qu'il ne peut rien gagner au-delà de l'intérêt légal : par cette raison, le débiteur peut se libérer à volonté sans injustice pour le prêteur. Mais, par contre, le prêteur peut faire asseoir sa créance sur bonne et valable hypothèque, il peut forcer le débiteur au remboursement, s'il passe deux ans sans payer la rente; la loi lui donne le droit de saisie et d'expropriation forcée.

Telle est la nature du prêt entre particuliers, telles sont les lois qui le régissent : le prêteur qui les enfreint est frappé par les anathèmes de la religion, il est flétri dans l'opinion publique, il est punissable par les lois civiles : c'est *l'usurier*.

DE LA DETTE DE LA FRANCE.

Les gouvernemens ont à l'égard des prêteurs la même obligation morale que les particuliers, par la raison que la justice est une; mais la position des créanciers n'est pas la même, ils n'ont d'autre garantie que la bonne foi; si leurs rentes ne sont pas payées, il faut qu'ils attendent, ils n'ont point d'hypothèque matérielle, les lois ne leur accordent ni le droit de saisie, ni le droit d'expropriation forcée : s'ils sont remboursés, ils contribuent eux-mêmes de leurs propres deniers à ce remboursement, car ils paient aussi l'impôt qui constitue la dotation de l'amortissement : la raison dit à tous les esprits justes et désintéressés, qu'il faut aux rentiers de l'état des dédommagemens pour compenser ces désavantages ; l'état doit les accorder, son crédit en dépend.

La dette actuelle de la France, connue sous le nom de *Rentes consolidées*, est composée de trois espèces de rentes d'origine et de nature différentes.

1° Le tiers consolidé de première origine.

2° Les rentes 5 p. % vendues à l'enchère, dont une partie est devenue des 3 p. % des 4 1/2 p. %.

3° Les 3 p. % de l'indemnité pour les biens saisis et vendus.

1°. — LE 1/3 CONSOLIDÉ DE PREMIÈRE ORIGINE.

Ce 1er 1/3 consolidé, mince résultat d'une banqueroute déplorable, n'avait point été acheté à l'enchère; semblable sous ce rapport aux rentes constituées, il représentait un capital fixe prêté, dont l'état payait l'intérêt licite; l'état devait rendre le même capital, ou supporter la charge d'une rente éternelle: l'impossibilité de payer la totalité de cette rente, en sortant du chaos de la révolution, le força, non pas à proposer, mais à dicter une transaction; la rente 5 p. °/₀ fut réduite à 1/3 pour 100 : le capital n'en était pas moins dû. Ce principe d'équité est tellement vrai, que les 3 p. °/₀ convertis ont été donnés à 75, pour rendre au créancier la valeur de son capital, malgré la réduction de sa rente : par la même raison ce tiers dut être *consolidé* en assurant aux rentiers le remboursement à l'enchère sans limites. Ce genre d'amortissement pouvait, si on ne bornait pas son action, rendre un jour plus que le capital de la rente réduite, il pouvait réparer l'injustice en partie, il pouvait faire renaître la confiance. Quel est donc le tribunal qui autoriserait un débiteur à ne pas payer tout le capital prêté, lorsqu'il le pourrait, parce que momentanément il ne lui serait possible que de servir une partie de la rente? La force donne-t-elle le droit d'être injuste envers le faible? Je ne pense pas qu'aucun pouvoir puisse s'emparer légitimement d'une propriété acquise à moins que ce ne soit par absolue nécessité, mais alors la loi accorde un dédommagement. Le remboursement au *pair* est très inique à leur égard, car il n'est qu'un remboursement au tiers du *pair*. Ils ne peuvent recevoir au plus que 33 1/3.

2°. — RENTES 5 P. °/₀, 4 1/2 P. °/₀, 3 P. °/₀.

Ces trois sortes de rentes peuvent être considérées comme de même origine et de même nature; en effet, les 4 1/2 p. °/₀ et les 3 p. °/₀ ne sont qu'une réduction facultative des 5 p. °/₀. Il n'est pas probable que les porteurs du 1/3 réduit, aient consenti à une nouvelle réduction; d'ailleurs l'acte libre de leur détermination eût assimilé leurs rentes aux autres. Cette espèce de rentes, sous-divisée en trois branches, forme la plus grande partie de la dette de l'état : elle se compose de tous les prêts faits à la France par les capitalistes aux différentes époques de ses besoins, et à des conditions diverses, mais toutes à l'enchère, ce qu'il importe de remarquer.

Il est facile de prouver que les conditions des emprunts ont été par fois plus avantageuses aux contribuables qu'aux capitalistes. A l'époque de la restauration, lorsque de nombreuses troupes étrangères, maîtresses d'une partie de nos provinces, exigeaient un subside énorme pour prix de leur retraite, ce subside, impossible à fournir par des impôts, fut livré au moyen d'un emprunt fait à 9 p. °/₀. Cependant alors, tant était grande la pénurie, les mandats des receveurs généraux, escomptés pour le gouvernement, étaient à 1 1/2, 1 1/4 p. °/₀ par mois; le trésor payait 15 et 18 p. °/₀ par an de l'argent dont il avait besoin, et les capitalistes fournirent à 9 p. °/₀ les fonds dont il auraient pu retirer plus de 18 p. °/₀, s'ils avaient refusé de souscrire pour cet emprunt; mais l'enchère établie pour la vente des rentes des emprunts, et pour leur remboursement journalier, promit un dédommagement à ces nouveaux créanciers de l'état; l'amortissement à intérêts composés leur fit espérer sur leurs capitaux un bénéfice sans bornes; il fallait à cette époque des espérances pour balancer les chances de l'avenir : le gouvernement dut les donner pour son propre intérêt; en conséquence, les capitaux des emprunts subséquens s'élevèrent, parce que le cahier des charges, dépôt sacré des conventions, ne contenait aucune réserve, aucune clause douteuse sur les avantages offerts aux prêteurs.

3°. — RENTES 3 P. °/₀ DES IMMEUBLES VENDUS.

Les rentes 3 p. °/₀, valeur nominale 166 2/3 pour 5, établies pour l'indemnité, font une classe à part. Ces rentes sont un hommage fait à la justice par la loyauté, la politique et l'humanité. Elles ont deux points de contact avec le *tiers* réduit; comme lui elles n'ont point été vendues à l'enchère; comme lui, elles sont rachetées à l'enchère; mais elles diffèrent de toutes les rentes, parce qu'il n'y a pas eu de somme prêtée : ces rentes sont la représentation au *minimum* des revenus d'immeubles saisis et vendus; le dirai-je, elles sont une restitution solennelle qu'il ne fallait pas flétrir par un remboursement injuste : la restitution devait être la valeur du bien exprimée par le capital nominal 100 de la rente 3; ce capital nominal devait être réel; ces nouveaux créanciers ne pouvaient faire cause commune avec les autres rentiers : ils n'étaient point des spéculateurs, mais des victimes; ils n'avaient point prêté leurs fonds à l'enchère, ils ne s'étaient point exposés à des pertes par l'appât des bénéfices; ils ne devaient point partager la dotation de l'amortissement portée dans le cahier des charges, en faveur des autres créanciers, et qui avait servi de base à leurs offres. Cette dette sacrée, car elle est celle de la justice, de l'humanité, celle du pacte de famille; cette dette devait être éteinte par séries tirées au sort, au moyen de fonds affectés à ce service. Je prouvai dans le temps au ministre, que ces fonds pouvaient être fournis facilement par les bénéfices des intérêts composés : chaque nouvelle dette doit avoir sa dotation spéciale de remboursement; ce principe en finances doit être classique.

Mais au point de confusion où seront les rentes à l'expiration de la loi du 1er mai 1825, que j'examinerai à la fin de ce mémoire, comment reconnaître et classer chacun de ces créanciers différens, pour rendre à chacun la justice qui lui est due ?

Le premier tiers réduit, valeur nominale 33 1/3, a été amorti sans distinction avec les rentes 5 p. % valeur nominale 100, avec les 5 p. % convertis à 4 par 3 à 75, et par 3 p. % valeur nominale 133 1/3, enfin avec les 3 p. % de l'indemnité . . . . valeur nominale 166 2/3 pour 5 ! Ce classement est peut-être impossible; mais il me paraît facile de réparer en masse toutes les injustices. J'en indiquerai plus tard les moyens.

DE L'ENCHÈRE.

L'enchère, établie pour la vente de la rente des emprunts de l'état et pour son remboursement, change la nature et les conditions du prêt. Elle en fait une spéculation de commerce, où le gain ne doit point avoir de limites, parce que les pertes peuvent être sans bornes : ce n'est point un placement d'argent à un intérêt p. % fixe; l'intérêt p. % ne peut être fixé par la loi, car la rente à l'enchère est déterminée d'avance sans égard à aucun capital, et la valeur du capital correspondant à la rente mise en vente, ne doit être connue qu'après l'adjudication : cette valeur dépend entièrement des dangers et des espérances que présente l'avenir aux calculs du prêteur. Il faut bien distinguer ici la rente *unité* mise en vente, qui est l'élément générateur du revenu que donne l'emprunt au capitaliste, il faut bien la distinguer de l'intérêt pour % que lui donnera son capital. L'intérêt p. % ne peut être déterminé d'avance, car il n'y aurait plus d'enchère :

l'enchère, par sa nature, exclut de toutes ses opérations ce *pair* auquel la routine a mis tant d'importance pour le malheur de nos finances; je le prouverai. L'enchère établit un autre *pair :* ce pair véritable et légitime est le capital *unité* adjugé pour la valeur de la rente. Le cours, ou la somme adjugée à l'enchère pour le capital du remboursement de la rente, est aussi le *pair* de la restitution. La convention de l'enchère établit l'existence de 2 *pairs*, celui du prêt et celui du remboursement : 100 n'est donc point le *pair* exclusif dans les opérations d'une dette contractée et amortie à l'enchère. Si, par un abus de pouvoir, le gouvernement se permettait une telle injustice, elle tournerait même contre ses intérêts, car il rendrait sa prospérité stationnaire ; si la rente venait un jour à être réduite au tiers de sa valeur comme par le passé (on peut en contester la probabilité, mais non la possibilité), il faut équitablement qu'il soit possible de gagner les $^2/_3$ pour égaliser le *pari*. Qui voudrait prêter sans les chances d'équilibre entre les bénéfices et les pertes possibles? Qui voudrait prêter sans un dédommagement, ou sur le capital, ou sur l'intérêt, ou de toute autre manière? Alors quel avantage en retirerait le gouvernement? Cette espérance de compensation est au contraire utile au trésor, car elle est nécessaire au succès des emprunts.

Les amis du *pair* se fondent sur la perte qu'ils prétendent exister dans le remboursement au-dessus du *pair :* dans le système des emprunts, ou d'une dette permanente, cette perte n'est que spécieuse : cette perte est récupérée avec profit par la hausse des emprunts subséquents. Cette perte imaginaire n'est-elle pas une condition nécessaire de l'enchère? Comment l'enchère pourrait-elle exister le lendemain du prêt pour le remboursement, sans que la somme rendue ne pût être plus forte que la somme reçue? Par quelle raison y aurait-il perte à rembourser à 101 un emprunt adjugé à 100? Et pourquoi n'y aurait-il pas de perte à rendre à 51 un emprunt fait à 50? Il me semble cependant que la fraction $^1/_{50}$ est plus forte que la fraction $^1/_{100}$. De quelle région vient donc cet être privilégié? Certes, s'il prit naissance au pays des sciences exactes, son éducation fut très-négligée. En effet, si le *pair* 100 pouvait faire toujours les fonctions de capital *unité* d'une somme prêtée et remboursée à l'enchère, il en résulterait que l'intérêt *unité* ne serait pas contenu dans la somme de tous les intérêts autant de fois que le capital *unité* est compris dans la somme de tous les capitaux qui donne le montant du prêt, comme la somme de tous les intérêts donne aussi le montant du revenu.

EXEMPLE.

Un emprunt fait à 50 pour rente 5 donnera cette proportion pour trouver le revenu d'une somme de 1000 f.

Cours. 50 : 5 :: 1000 f. : x $= \frac{5000}{50} = 100$. Or $\frac{50}{5} = 10$ et $\frac{1000}{100} = 10$, ce qui est juste.

Mais si je substitue pour cet emprunt le pair 100 au cours de l'adjudication 50, j'aurai 100 : 5 :: 1000 : 100, dont les deux rapports inégaux, $\frac{100}{5} = 20$ et $\frac{1000}{100} = 10$, prouveraient que l'intérêt *unité* est contenu 20 fois dans la somme de tous les intérêts ou dans le capital *unité*, tandi sque le capital *unité* n'est contenu que 10 fois dans la somme de tous les capitaux *unités*, *quod absurdum est.*

Lorsque j'analyserai les avantages du remboursement par les intérêts composés, je prouverai, par des calculs irrécusables, que l'amortissement composé, loin de donner de la perte en continuant la liquidation des emprunts au-dessus du *pair*, procure au contraire des bénéfices réels. J'ai combattu depuis longtemps, et je combattrai le *pair* jusqu'à extinction, parce qu'il a été la cause d'erreurs bien funestes à mon roi et à mon pays.

Si le *pair* était admis pour le remboursement des rentes vendues à l'enchère, il mettrait les actes du gouvernement en opposition avec les lois. En effet, toutes les fois que l'adjudication d'un emprunt serait faite au dessous de 83 1/3 pour 5 de rente, c'est-à-dire à plus de 6 p. % d'intérêt, le prêteur paraîtrait usurier, car la loi n'a point fait d'exception; aussi la prévoyance du législateur s'est arrêtée.

Si le législateur a laissé le *pair* en tête des inscriptions 5 p. % lorsque l'enchère a été établie, il ne l'a fait que pour que le *pair* indiquât l'intérêt pour 100 du capital de l'adjudication du prêt et de son remboursement. Cette quantité, placée ainsi, ne peut servir qu'à comparer d'une manière uniforme les valeurs des emprunts à l'enchère et de leur remboursement; elle n'entre et ne peut entrer dans aucun des calculs de ces sortes de prêts et de leur amortissement. Un terme de convention, qui est le cours mobile des adjudications, est substitué au pair 100 dans toutes les transactions, et on dira: cours 105 est à rente 5, comme le capital a est au total x des rentes, qui lui revient. Même calcul pour tous les cours et pour toutes les rentes 4 $^1/_2$; 3 p. °/₀ et *vice versâ* de la rente au capital.

Une rente 5 adjugée à 50, est une rente 5 pour 50, et non 5 p. 100; mais la rente 5 du capital 50 de l'adjudication est un intérêt à 10 p. 100, car 50:5 :: 100:10. La rente 5 est donc contenue dix fois dans le capital 50, et l'intérêt n'y est que 5 fois. $\frac{50}{5} = 10$. $\frac{50}{10} = 5$.

L'erreur provient de la fausse application que l'on fait des calculs que nécessitent les rentes constituées entre particuliers, aux rentes de l'état mises à l'enchère. Il me paraît donc utile de bien établir les différences qui existent entre ces deux rentes de nature différente.

TABLEAU COMPARATIF.

RENTES CONSTITUÉES DES PARTICULIERS.	RENTES CONSOLIDÉES DE L'ÉTAT.
L'emprunteur demande un capital *fixe* pour un intérêt qui ne peut varier que dans les limites permises par la loi.	L'emprunteur demande un capital, qui peut varier sans être borné par la loi, pour une rente fixe mise à l'enchère.
L'intérêt que peut produire ce capital *fixe* ne doit point habituellement excéder 6 p. °/₀, à moins d'usure.	L'intérêt que peut produire ce capital variable est illimité: il est un profit du droit des spéculations de commerce, sans usure.
Le capital est spécialement et solidement hypothéqué sur un immeuble.	Le capital n'a de garantie que la moralité et les besoins du gouvernement.
Le prêteur a le droit de saisie, d'expropriation forcée, dans les cas statués par la loi.	Le prêteur est à la merci du débiteur, contre lequel il ne peut avoir aucune prise.
Le débiteur ne peut point exiger du prêteur qu'il contribue avec ses propres deniers à parfaire le remboursement qui lui est dû.	Le débiteur prélève un impôt direct ou indirect sur le prêteur pour le rembourser avec la dotation annuelle de l'amortissement.

SUITE DU TABLEAU COMPARATIF.

RENTES CONSTITUÉES DES PARTICULIERS.	RENTES CONSOLIDÉES DE L'ÉTAT.
Le débiteur a le droit de rembourser à volonté toute sa dette, parce que le prêteur ne peut rien perdre à ce remboursement.	Le débiteur jouit du même droit par l'action journalière de l'amortissement, qui doit promettre au prêteur des bénéfices sans limites, parce qu'il est exposé à des pertes sans bornes.
100 est le *pair*, le terme de comparaison qui fixe l'intérêt légal; il entre nécessairement dans tous les calculs du prêt et du remboursement.	100 n'est point le *pair*, il n'entre dans aucun des calculs du prêt ou du remboursement, il n'en est point le terme de comparaison, le cours du jour en fait les fonctions.

Il résulte de la comparaison de ces deux espèces de rentes, qu'elles sont de nature tout à fait différente, qu'il faut bien se garder de les confondre, pour ne pas devenir injuste par la fausse application des lois qui les régissent.

Les rentes constituées jetteraient le plus grand désordre dans les affaires des familles, si le législateur n'avait pas opposé des digues à la cupidité.

Les rentes consolidées établies à l'enchère, pour subvenir aux besoins de la patrie dans les temps calamiteux, ne portent en elles rien de nuisible à l'emprunteur, rien de contraire à la morale publique. Loin d'être jaloux des bénéfices qu'elles peuvent procurer au prêteur, je m'en réjouis pour la France, car alors c'est la preuve de l'élévation de son crédit.

INTÉRÊTS COMPOSÉS;

LEUR INFLUENCE SUR LE REMBOURSEMENT DE LA DETTE.

On entend par intérêts composés, le placement successif de l'intérêt d'un capital et de l'intérêt de l'intérêt pour en capitaliser le montant. Pour mettre le lecteur à même de saisir plus facilement les avantages que les intérêts composés peuvent procurer par leur application à l'extinction de la dette, je vais offrir à ses méditations les tableaux comparatifs (A A 1) de toutes les opérations nécessaires et pour le remboursement simple et pour l'amortissement à intérêts composés, de 5 emprunts adjugés à des taux différens pour rente 5, savoir :

Au cours 166 2/3	Au cours 125	Au cours 100	Au cours 83 1/3	Au cours 71 3/7
Intérêt à ... 3 p. °/o	Intérêt à ... 4 p. °/o	Intérêt à ... 5 p. °/o	Intérêt à ... 6 p. °/o	Intérêt à ... 7 p. °/o

Par la convention réciproque de l'enchère, le remboursement, quoique variable en plus ou en moins, est accepté de part et d'autre comme égal au prêt : l'enchère est commune aux deux manières d'amortir, elle peut donc être supprimée des calculs sans changer les résultats.

La durée du remboursement à intérêts composés est soumise à l'action d'une progression géométrique croissante, dont la raison est $\frac{21}{20}$ pour l'intérêt à 5 p. °/o; $\frac{26}{25}$ pour l'intérêt à 4 °/o; $\frac{103}{100}$ pour l'intérêt à 3 p. °/o; $\frac{106}{100}$ pour l'intérêt à 6 p. °/o, et $\frac{107}{100}$ pour l'intérêt à 7 p. °/o.

La durée du remboursement indique le nombre des termes de cette progression.

Si l'intérêt de chacun de ces emprunts est pris pour dotation de son extinction, successive et annuelle, il faudra au cours de l'adjudication de ces cinq emprunts :

		ans	ans	ans	ans	ans
Durée.	Amortissement simple....	20	25	33 1/3	16 2/3	14 2/7
	Id. à intérêts comp..	14 1/5	17 3/4	23 2/3	11 5/6	10 1/7
	Différences........	5 4/5	7 1/4	9 2/3	4 5/6	4 1/7

Nota. Si les calculs étaient faits par semestre, ainsi qu'ils devraient l'être, le nombre des termes de la progression *géométrique* serait moins grand, ou la durée du remboursement par les intérêts composés, serait plus courte, tandis que la durée du remboursement simple serait la même pour chaque emprunt, parce que la progression des termes du remboursement simple est arithmétique.

COMPARAISON DES DURÉES DE REMBOURSEMENT DES 5 EMPRUNTS,

PAR LES DEUX AMORTISSEMENS.

COURS.	INTÉRÊTS p. °/o relatifs.	AMORTISSEMENS SIMPLE. Temps nécessaire	AMORTISSEMENS COMPOSÉ. Temps suffisant	Différence des durées	INTÉRÊTS P. °/o multipliés par les différences des durées.	J'observe que les différences deviennent d'autant plus grandes que les cours s'élèvent davantage
		ANS.	ANS.	ANS.		
166 2/3	3 p. °/o	33 1/3	23 2/3	9 2/3	3 × 9 2/3 = 29	29 est l'expression constante de la valeur de l intérêt que donne l'amortissement composé pendant la différence de durée au-dessous et au-dessus du *pair*.
125	4 »	25	17 3/4	7 1/4	4 × 7 1/4 = 29	
100	5 »	20	14 1/5	5 4/5	5 × 5 4/5 = 29	
83 1/3	6 »	16 2/3	11 5/6	4 5/6	6 × 4 5/6 = 29	
71 3/7	7 »	14 2/7	10 1/7	4 1/7	7 × 4 1/7 = 29	

Le cours, l'intérêt p. °/o du cours et la durée de l'amortissement forment, par leurs différentes combinaisons, tout le mécanisme de la dette et de son remboursement, de quelque manière qu'il soit effectué.

Le cours est la somme que la dotation de l'amortissement simple ou composé paie chaque jour pour acheter une portion de rente correspondante à ce cours; il indique l'intérêt p. °/o de la somme remboursée : si le cours était à 125 p. rente 5, la dotation paierait 100 p. 4, ou 4 p. °/o, et ainsi des autres cours.

Les cours et leurs intérêts p. °/o sont en raison inverse.

La durée du remboursement est aussi en raison inverse des intérêts p. °/o; car si l'intérêt p. °/o sert de dotation, plus cette dotation sera petite, et plus la durée de la liquidation sera grande.

Les cours et les durées sont en raison directe : en effet, si la dotation est forcée d'employer une plus grande somme pour acheter la même rente, il lui faudra aussi plus de temps pour éteindre la même dette.

Le produit du cours multiplié par son intérêt p. °/o est l'expression de la diminution journalière de la dette en capital et en intérêt; de quelque manière que le cours varie, ce produit est toujours 500 dans les deux amortissemens. Ce produit 500, divisé par un de ses facteurs, donne l'autre au quotient d'où résulte une règle bien facile de trouver l'intérêt p. % d'un cours quelconque. Exemple :

$$\frac{\text{Produit.... } 500}{\text{Cours...... } 150} = 3\ ^1/_3 \text{ intérêt p. \%.}$$

Le produit du cours, multiplié par la durée de la liquidation, donne la valeur du remboursement du capital de l'emprunt....

Le produit de l'intérêt p. % du cours, multiplié par la durée du remboursement, offre la valeur totale des intérêts p. % à payer aux créanciers.

TABLEAU COMPARATIF DE CES TROIS PRODUITS,

POUR CHACUN DES CINQ EMPRUNTS.

COURS.	INTÉRÊTS P. %.	DURÉES.	PRODUITS des cours par les intérêts p. %, valeur journalière	PRODUITS des cours multipliés par les durées valeur des capitaux — AMORTISSEMENS		DIFFÉRENCES.	PRODUITS des intérêts par les durées valeur des rentes. — AMORTISSEMENS		DIFFÉRENCES.
				SIMPLE.	COMPOSÉ.		SIMPLE.	COMPOSÉ.	
166 2/3	3 p. %	33 1/3 23 2/3	500	5 554 78	3 943 18	1 611 60	100	71	29
125	4 id.	25 17 3/4	500	3 125	2 218 75	906 25	100	71	29
100	5 id.	20 14 1/5	500	2 000	1 420	580	100	71	29
83 1/3	6 id.	16 2/3 11 5/6	500	1 388 28	985 79	402 49	100	71	29
71 3/7	7 id.	14 2/7 10 1/7	500	1 019 88	724 20	295 68	100	71	29

Deux conséquences incontestables et de la plus grande importance, résultent des calculs fort simples de ce Tableau comparatif.

1° L'amortissement à intérêts composés opère avec bénéfice, même audelà du pair de chaque emprunt.

2° La dotation de l'amortissement est placée, par les intérêts composés, à un intérêt profitable, car elle donne à l'emprunt l'avantage éminent de produire plus qu'il ne coûte.

1°

Dans ce Tableau, le produit 2000 est la valeur du remboursement simple du capital de l'emprunt fait au cours 100 pour rente 5. Ce produit est composé des deux facteurs, le cours et la durée de la liquidation. Si l'un de ces facteurs varie, il faut nécessairement, pour donner le même produit, que l'autre facteur varie en sens inverse. Or, la durée du remboursement de cet emprunt par les intérêts composés et par an, n'est que de 14 ans et 1/5, au lieu de 20 ans. Donc, divisant produit 2000 par durée 14 1/5, on aura cours 140, 80, avec lequel je puis évidemment amortir encore sans être en perte; car cours 140, 80 × durée 14, 20 donne produit 1999, 36, moins fort que le produit 2000 du remboursement simple.

Voici les calculs pour les 5 emprunts:

Cours	Intérêt	Produit	Diviseur / Quotient	Résultat
Cours 166 2/3	— Intérêt 3 p. %	— Produit 5554 78	23 66 / 234 77	= Cours 234 77
Cours 125	— Intérêt 4 p. %	— Produit 3125	17 75 / 176 05	= Cours 176 05
Cours 100	— Intérêt 5 p. %	— Produit 2000	14 20 / 140 80	= Cours 140 80
Cours 83 1/3	— Intérêt 6 p. %	— Produit 1388 28	11 5/6 / 117 31	= Cours 117 31
Cours 71 3/7	— Intérêt 7 p. %	— Produit 1019 88	10 1/7 / 100 55	= Cours 100 55

Ainsi disparaît l'objection de la perte causée par le rachat à intérêts composés des rentes au-dessus du pair. (Voir Tableau B.)

La progression des cours 234,77—176,05, etc., prouve au contraire que plus on s'élève au-dessus du pair, et plus il y a de latitude pour les bénéfices. Cette latitude s'accélère avec le nombre des termes de la progression géométrique des intérêts composés, qui est double parce que le remboursement est fait par semestre.

2°

Un emprunt fait, n'importe à quel cours, place toujours sa dotation, au moyen de l'amortissement par les intérêts composés, à un intérêt plus élevé que celui dont il impose le paiement.

Le produit 100 qui exprime, ainsi que je l'ai prouvé, la valeur de l'amortissement simple des rentes, est composé de 2 facteurs, la durée de la libération et l'intérêt de l'emprunt ; ces deux qualités inverses ne peuvent varier l'une sans l'autre, mais la durée par les intérêts composés est toujours plus courte : l'intérêt de la dotation au remboursement est donc plus grand.

COMPARAISON

DES INTÉRÊTS DES CINQ EMPRUNTS ET DES INTÉRÊTS DES DOTATIONS.

INTÉRÊTS DES			DIFFÉRENCES.	DIFFÉR. DES DIFF.
EMPRUNTS.		DOTATIONS.		
Cours 166 2/3 à 3 p. %..	Produit.. 100 / Divisé par —— = / Durée... 23 1/3	intérêt 4 22 p. %.	1 22	
Cours 125..... 4.......	id... 100 / —— = / id.... 17 3/4	id... 5 63........	1 63	0 41
Cours 100..... 5.......	id.... 100 / —— = / id.... 14 1/5	id... 7 04........	2 04	0 41
Cours 83 1/3.. 6........	id.... 100 / —— = / id.... 11 5/6	id... 8 45........	2 45	0 41
Cours 71 3/7.. 7........	id.... 100 / —— = / id.... 10 1/7	id... 9 85........	2 86	0 41

La somme placée au remboursement rapporte donc plus d'intérêt que n'en coûte le capital reçu par l'emprunt ; il serait donc profitable de faire des emprunts par spéculation, en les amortissant par l'ingénieux mécanisme des intérêts composés.

En observant les différentes colonnes du Tableau A, on remarquera que les chiffres portés au crédit de l'amortissement composé, qui expriment les différences des valeurs des capitaux des emprunts, supposés remboursés simultanément par les deux amortissemens, sont en raison directe des cours ; qu'il y a conséquemment d'autant plus de bénéfices sur les capitaux, que les cours sont plus élevés ; ce qui doit être à cause du plus de durée, et du plus grand nombre de termes de la force accélératrice des intérêts composés, que je puis comparer sans paradoxe à la vitesse accélérée et à la quantité de mouvemens des corps graves dans leur chute.

Il n'en est pas de même des produits de la valeur des rentes par les durées dans les deux amortissemens. La différence de ces produits donne constamment au crédit des intérêts composés une différence de 29 p. °/₀, quel que soit le cours, quel que soit l'intérêt.

Les différences des intérêts des sommes remboursées ou des dotations au crédit des intérêts composés, sont en raison directe des intérêts des emprunts : elles croissent de 0,41 par unité de ces intérêts ; et plus l'emprunt coûte d'intérêt, et plus la dotation agit avec force : par cette merveilleuse combinaison, les intérêts composés luttent alors contre les pertes avec plus de vigueur.

Je n'ai parlé jusqu'ici que du temps suffisant à l'amortissement composé, comparé au temps nécessaire à l'amortissement simple pour éteindre la même dette, je vais examiner de quelle force est capable l'amortissement composé avec les mêmes données pendant la durée des opérations de l'amortissement simple. En voici les résultats qu'il est facile de vérifier (voir Tableau A. A[1]).

	TABLEAU A[1].	COURS.	INTÉRÊTS P. °/₀.	DURÉES.	EXCÈS DE PUISSANCE des INTÉRÊTS COMPOSÉS.	
					par an.	par semestre.
Nota. La différence de l'excès de puissance par an, ou par semestre, est très grande : elle prouve combien tous mes calculs sont faibles.	N° 1	166 2/3	3 p. °/₀	ans 33 1/3	0 67 62	5 17 4
	2	125	4	25	0 66 39	5 10 6
	3	100	5	20	0 65 18	5 03 9
	4	83 1/3	6	16 2/3	0 64 08	4 97 5
	5	71 3/7	7	14 2/7	0 62 90	4 91 1

Plus le cours s'élève, plus la puissance des intérêts composés acquiert de force; la preuve en est incontestable : elle combat aussi victorieusement l'erreur de ceux qui croient à la perte occasionnée par le rachat des rentes au-dessus du *pair*.

Cet excès de puissance est dû entièrement au savoir-faire de l'administration ; on ne peut contester au gouvernement le droit d'en disposer, pourvu que ce soit au profit des contribuables. J'en indiquerai le moyen.

Malgré les preuves mathématiques que je viens d'accumuler en faveur de tous les avantages que les intérêts composés peuvent procurer dans le système des emprunts, s'il existait encore quelque incrédule, je lui dirais :

L'amortissement composé augmente sa dotation tous les semestres des rentes acquises précédemment, il doit donc en acheter davantage ; mais s'il en acquiert un plus grand nombre, il en reste moins à payer chaque semestre, et la libération totale de la dette sera plus tôt faite. Je lui ferais observer, que les rentes réunies à la dotation pour en accroître la force, servent, par les intérêts qu'elles rapportent, à compléter le capital du remboursement. Cette assertion a besoin de quelque développement, car cette réunion des rentes acquises à la dotation a égaré beaucoup de bons esprits. Je vais donc encore analyser la puissance et la résistance sous un autre point de vue.

La dette et l'impôt destiné à éteindre cette dette, sont composés chacun de deux parties qui se correspondent, et qu'il importe de bien distinguer.

LA DETTE.	L'IMPÔT.
N° 1. Capital de la dette.	N° 1. Pour remboursement du capital.
N° 2. Rentes de la dette.	N° 2. Pour paiement des rentes de la dette.

L'impôt n° 1 reçoit, pour prix du capital qu'il donne en remboursement d'une partie du capital de la dette n° 1, une valeur qui lui est égale : il devait ce capital, il a payé ce capital partiel, il ne le doit plus, et son revenu s'est accru de la partie de rente n° 2, qui correspond au capital remboursé.

L'impôt n° 2 acquitte une charge en payant le reste des rentes de la dette n° 2 : rien n'est reçu en compensation, il faut encore solder le reste des rentes le semestre suivant : l'impôt n° 2 fait donc une véritable dépense, et l'impôt n° 1 fait une acquisition.

Lorsqu'une fraction de rente n° 2, la vingtième, par exemple, est achetée, cette quantité, de négative qu'elle était (car toute dette est négative), devient positive (en effet $10-5=5$ et $10-5+5=10$). Si cette dette $\frac{1}{10}$ entrée $+\frac{1}{10}$ dans les coffres de l'État ou des contribuables, y reste sans emploi, c'est une propriété morte, voilà l'amortissement simple; si ce $\frac{1}{10}$ sort de la caisse générale pour être mis dans celle de la dotation de l'amortissement, afin de rendre sa force accélératrice, cette somme n'en reste pas moins propriété de l'État, car jusque-là elle n'a fait que passer de sa caisse générale dans une de ses caisses particulières : ce n'est encore qu'une destination et non un emploi; elle augmente la puissance qui doit attaquer la dette avec plus de vigueur; c'est l'amortissement à intérêts composés. Certes il n'y a point eu de dépense réelle à cette première opération; il n'y en a pas davantage à la seconde, lorsque l'amortissement fait usage de cette rente partielle $\frac{1}{10}$ n° 2, comme capital pour rembourser en échange un capital de même valeur n° 1, et pour s'approprier par ce moyen la rente n° 2 qui lui correspond, et ainsi de tous les autres $\frac{1}{10}$ jusqu'à liquidation finale.

La dette seule est une dépense, c'est une diminution de fortune ($10-5=5$); le remboursement de la dette est au contraire un accroissement de fortune ($10-5+5=10$). Il implique dans les termes que le remboursement soit aussi une dette; il en résulterait que l'on serait plus pauvre après la libération, qu'on ne l'était avant. On ne peut assimiler les rentes payées pour le reste du capital dû, aux rentes acquises et confiées à l'homme d'affaires des contribuables pour en faire un placement avantageux à leur crédit; c'est donc à tort que les partisans du remboursement simple soutiennent que l'extinction des rentes acquises compense les avantages obtenus par les intérêts composés.

REMBOURSEMENT AU PAIR.

L'amortissement composé a plus de puissance que l'amortissement simple, personne ne peut le contester; mais le remboursement simple effectue sans perte la liquidation jusqu'au *pair*. L'amortissement composé, plus fort, peut donc l'éteindre sans perte au-delà du pair; bien mieux : les intérêts composés donnent, passé ce terme, de grands bénéfices. Nouvelle preuve mathématique, Tableau B.

Dans ce Tableau, j'ai d'abord établi le compte de toutes les dépenses que ferait l'amortissement simple désigné par x, actuellement en activité, pour éteindre rente 100, au cours 100, avec dotation 100 par an ou 50 par semestre. Voici le résultat de cette liquidation:

RÉSULTAT.

X	Durée du remboursement, 40 semestres		
Dotation 50	Valeur de l'impôt pour remboursement.......	2000	par 40
par semestre,	Impôt pour rentes aux créanciers..............	975	dotations.
cours 100.	Rentes éteintes par semestre....................	2 50	

J'ai ensuite mis en présence son rival redoutable, l'amortissement composé, indiqué par y; je l'ai chargé de liquider la même dette 100 au cours 125 plus élevé que le *pair;* je ne lui ai donné par semestre pour dotation que 47,50, ou 95 par an, parce que j'ai prélevé 5, afin de remettre aux contribuables la valeur des rentes éteintes par x.

y opérant à intérêts composés, a donné les bénéfices indiqués ci-dessous, malgré l'élévation du cours 125 et la réduction à 95 de la dotation 100, et sans aucun sacrifice à charge au peuple.

RÉSULTAT.

Y	Durée du remboursement, 28 45 semestres		
Dotation 47 50	Valeur de l'impôt pour remboursement.......	1330	par 28 45
par semestre,	Impôt pour rentes aux créanciers..............	822 11	dotations.
au cours 125.	Valeur remise sur la dotation..................	2 50	

Au crédit de *Y* : Sur le temps, 11 semestres ½; sur la dotation, 670, et sur l'impôt des rentes aux créanciers, 142 89. Ces bénéfices sont certains.

Mais *Y* a remboursé aux créanciers 2500, tandis que *X* ne leur a donné que 2000.

Sans doute y a remis aux prêteurs un bénéfice 500 en opérant au-delà du *pair,* mais je viens de prouver qu'il avait gagné de son côté en replaçant ses rentes acquises, même au cours 125. Ce partage généreux, entre le prêteur et le contribuable, d'un bénéfice acquis par industrie, n'est-il pas un sûr garant du succès des emprunts? ce partage ne devient-il pas une pompe aspirante pour les fonds étrangers?

L'amortissement à intérêts composés doit donc être rétabli sans limites, et le remboursement au *pair,* s'il n'était injuste, serait évidemment préjudiciable aux intérêts de la France.

DES EMPRUNTS PAR SÉPCULATION.

Voici encore une conséquence très-importante de l'excès de puissance des des intérêts composés.

La dotation de l'amortissement composé, rapportée à la durée du remboursement simple, doit donner plus d'intérêt, parce qu'elle achète plus de rentes dans le même temps, même à un cours plus élevé. Pour accumuler preuves sur preuves, je vais encore analyser, d'une manière différente, les fonctions de ces deux amortissemens x et y.

x, amortissement simple rembourse la dette par l'extinction des rentes acquises chaque semestre : ces rentes acquises sont les termes d'une progression arithmétique croissante comme la suite naturelle des nombres.

y, amortissement composé, au lieu d'éteindre les rentes après les avoir achetées, les place pour acheter plus de rentes le semestre suivant; ce placement de rentes et de l'intérêt de ces rentes forme les termes d'une progression géométrique croissante, dont chaque terme contient le précédent, le nombre de fois indiqué par la raison. Si la raison géométrique était 2, les deux progressions des termes de x et de y seraient

- Pour X : rentes éteintes, progression arithmétique 1, 2, 3, 4, 5, 6, etc.
- Pour Y : rentes placées, progression géométrique, 1, 2, 4, 8, 16, 32, etc.

Les termes de x peuvent donc être considérés comme les logarithmes des termes respectifs de y; or, les termes de la série géométrique de y, soumis à une force accélératrice, croissent en valeur, d'autant plus qu'ils deviennent plus nombreux. Le rapport de ces deux progressions est celui de l'addition et de la multiplication (je suppose le cours constant, parce que s'il est mobile, il l'est en même temps et de la même manière pour les termes correspondans des deux progressions).

Si ce principe n'est point illusoire, il doit subir l'épreuve de l'application (voir Tableau C). J'ai supposé dette 1 contractée par un emprunt de rente 1 vendue au cours 100, donnant pour recette capital 20; j'ai fait payer par semestre sur ce capital 20 reçu d'avance :

1° La dotation 0,50 pour le premier semestre ;

2° Pour chacun des autres semestres, jusqu'à la fin du remboursement, 0,50 pour la rente à payer, tant aux créanciers qu'à l'amortissement composé, 0,50 pour la dotation. Par ce double paiement, dont le montant est 1 », pris sur le capital 20 de cet emprunt, il est évident qu'il n'est besoin d'aucune somme extraordinaire et pour son remboursement et pour le service de la rente qu'il impose.

J'ai placé au même cours 5 p. °/₀ à intérêts composés, les restes successivement disponibles du capital 20 : le fond de caisse 4,81 qui reste à la fin de la liquidation de cet emprunt, quoique j'aie négligé les fractions qui seraient des milles si 1 était un million, ce fond de caisse atteste toute la puissance des intérêts composés ; il prouve l'utilité dont pourrait être aux contribuables l'adoption du système des emprunts par spéculation, amortis par les intérêts composés. S'il était possible de doubler le nombre des termes de la progression géométrique, sans prolonger la durée du remboursement simple, quelle force n'acquerrait pas l'amortissement composé ?

L'emprunt par spéculation n'imposerait aucun sacrifice, aucune privation ; il produirait des bénéfices avec les fonds d'autrui : bien supérieur à la capitalisation qui renonce aux jouissances actuelles pour un meilleur avenir. Ce serait un entrepreneur qui emprunterait à 5 pour placer à 10, valeur en lui-même, sans risques. Entre ses mains l'intérêt composé deviendrait une fabrique, un hôtel des monnaies.

Ce moyen très positif rentrerait cependant dans la classe des vaines théories, si on ne pouvait placer avec avantage les restes disponibles des capitaux des emprunts ; mais cette possibilité peut être facilement acquise par l'établissement d'une caisse de secours et de réserve, qui doublerait facilement le nombre des termes de la progression géométrique des intérêts composés, en capitalisant par trimestre. Je donnerai l'organisation de cette caisse et ses résultats.

Cet amortissement composé, riche de tant de propriétés, fut établi à une enchère journalière pour liquider plus promptement la dette énorme de l'État : il n'existait alors que des rentes 5 p. °/₀ consolidées. Ces rentes ne se composaient que du tiers consolidé et du 1er emprunt fait à l'enchère. Sans doute, si ce tiers n'eût pas été réduit, le créancier n'aurait eu droit qu'à la restitution du *pair*, de la somme prêtée ; car le prêt n'avait point été un pari, mais la rente, réduite au tiers par injustice, changeait la position du prêteur : cette diminution de la rente n'entraînait point la diminution du capital : quand le jour de la justice venait éclairer nos malheurs, *consolidé* était-il un terme de consolation, d'espérance..... ou de désespoir? Fixer la perte des 2/3 du revenu, fixer la perte des 2/3 du capital, quelle serait la différence de ces deux lois? L'une appartient à la révolution, elle est irréparable; l'autre flétrirait la restauration : l'intention de Louis XVIII, l'intention d'un Bourbon libérateur, qui venait réparer nos infortunes, ne pouvait être de donner le *pair* pour limite de la restitution du capital du tiers réduit. Aussi le ministre des finances, Corvetto, déclara positivement, dans son Exposé aux chambres, que la dette serait remboursée à l'enchère par un amortissement à intérêts composés, doté de 40 millions par an. Il ne fit aucune exception en faveur du tiers réduit; s'il avait cru nuisible au trésor le remboursement des autres rentes fait au-dessus du *pair*, certes il eût fait une exception pour ne pas compléter la banqueroute de ce malheureux tiers. Non, il ne croyait point à cette perte imaginaire : loin de son génie était cette fausse conception; il avait voulu adoucir le malheur de celui-ci, en lui donnant l'espérance de récupérer une partie de son capital perdu; il avait voulu mettre, pour les autres créanciers, la liquidation en harmonie avec le prêt : mêmes chances de gain, mêmes chances de perte.

L'impossibilité de connaître maintenant ce 1er. 1/3 réduit aurait dû déterminer à ne pas suspendre la marche accélérée de l'amortissement. En justice, c'est un axiome qu'il vaut mieux pardonner à dix coupables que de punir un innocent. En finances, il vaut mieux être généreux envers dix qu'injuste envers un seul : le crédit est une vierge qu'il faut bien se garder de flétrir; c'est le fruit au duvet délicat.

Ces deux premières rentes, quoique de nature différente, furent mises avec raison dans la même classe, elles jouissaient en commun de la dotation de l'amortissement; elles éprouvèrent une défaveur, lorsque de nouveaux créanciers s'emparèrent d'une partie de l'amortissement.

Tous ces rentiers de nuances différentes ne formaient en 1824 qu'une seule masse, lorsque le projet de créer des rentes de valeur inégale fut conçu : ce n'était pas de nouveaux emprunts soumis à des conditions diverses, ce qui eût été moins illicite, mais c'était une portion de ces mêmes rentiers que l'on voulait dépouiller pour les mieux vêtir. Le ministère obtint une diminution d'intérêt, en échange de la promesse d'une augmentation de capital supérieur à celui de l'intérêt abandonné. Il est facile de prouver que cette funeste conception fera perdre aux contribuables plus de 25 millions par an, pendant les cinq ans de l'existence de la loi du 1er mai 1825 ; et que les rentiers convertis ont été déçus jusqu'à ce jour dans leurs espérances, malgré les moyens employés à cet effet. (Voir à la fin de ce Mémoire l'examen de la loi du 1er mai 1825.)

Il convient cependant à la loyauté française de tâcher de réparer les torts dès qu'ils sont connus.

Les créanciers convertis ont des droits non seulement au partage proportionnel de l'amortissement composé, dans le rapport des rentes 3 p. °/o converties à 75, qui existeront au 22 juin 1830, avec les rentes 5 p. °/o rachètables à cette même époque, mais encore à une augmentation d'amortissement qui puisse leur faire espérer le dédommagement de leurs rentes perdues ; mais ce surplus de force ne peut être enlevé aux autres créanciers sans injustice.

Les rentiers 5 p. °/o ont aussi droit à une indemnité pour le tort que la loi leur a fait en les dépouillant pendant cinq ans de l'amortissement.

Voici un moyen de réparer tous les torts :

1° Il faut rétablir l'amortissement à intérêts composés, sans limites ;

2° Il faut déclarer solennellement que l'amortissement composé à l'enchère sera le seul mode de remboursement employé par le trésor, à quelque taux que puisse s'élever le cours ;

3° Il faut décréter que jamais emprunt ne sera fait sans une dotation spéciale ;

4° Enfin il convient de ramener toutes les rentes à une seule classe de 5 p. °/o. Les 3 p. °/o convertis en deviendraient le 4/5, et ceux de l'indemnité les 3/5. A cet effet, il serait délivré, le 22 juin 1830, à tous les rentiers 3 p. °/o une nouvelle inscription 4 des rentes 5 p. °/o, en échange de leur titre actuel ; de même pour les 4 1/2 p. °/o. Cette augmentation de rentes, prise sur les bénéfices des intérêts composés de la caisse d'amortissement, ne serait point à charge aux contribuables, dont le sort serait beaucoup amélioré par mes combinaisons. Par exemple, s'il existait au 22 juin 1830, 32 millions de rentes 3 p. °/o et 4 1/2 p. °/o, ils seraient portés à peu près à 40 millions 5 p. °/o sur le grand livre, et l'amortissement remettrait par an au trésor 8 millions qui serviraient à payer ces nouvelles rentes. Ce moyen serait juste pour tous, juste pour les 3 p. °/o et 4 1/2 p. °/o convertis, qu'il replacerait dans la même position où ils étaient avant la conversion ; juste pour les 3 p. °/o indemnisés, auxquels il assurerait le revenu réel de leurs immeubles. La comptabilité serait simplifiée. Si les 5 p. °/o livrés à eux-mêmes se soutiennent à 108, pourquoi, avec le levier puissant qui les soulèverait, ces fonds ne dépasseraient-ils pas bientôt ceux d'un peuple voisin ? Je le répète, je ne puis croire à la différence de valeur des rentes, sans une faveur particulière ; si l'une avait été favorisée aux dépens des autres par un privilége sans nécessité, il faudrait au plus vite réparer cette grande faute de crédit : une promesse injuste ne peut annuler des obligations antérieures contractées légitimement. Les mutations, dans la propriété des rentes, rendraient sans doute ce projet trop généreux, si le peuple en supportait la moindre charge ; mais toutes les injustices seraient réparées : mais quelle confiance n'inspirerait pas un gouvernement qui donnerait un si bel exemple d'équité : la justice, poussée même jusqu'à la superstition, n'est-elle pas la force des états ?

CONVIENT-IL DE REMBOURSER LA DETTE DE L'ETAT ?

Un particulier, d'après les idées généralement reçues, doit se libérer aussitôt qu'il en a la possibilité : cependant, s'il pouvait placer solidement l'argent destiné au remboursement de sa dette à un intérêt plus avantageux que celui qu'il paie, il ferait une opération utile à sa fortune de suspendre sa libération : un homme actif, intelligent, ferait mieux, il chercherait d'autres fonds à 5 pour les placer à 10.

Le commerce offre partout ce genre de spéculation. Le négociant émet du papier à terme, l'escompte, double, triple ses capitaux, multiplie les opérations qui lui rapportent plus que l'escompte dont il se charge. Les compagnies créent des actions, les vendent, paient des intérêts, des primes, et par des emprunts, mettent à exécution ces vastes projets d'utilité publique dont le succès assure à leurs auteurs une grande fortune, simultanément avec la prospérité du pays : les emprunts sont les élémens de l'industrie, ses moyens ; ils sont nécessaires à son existence, à ses progrès. Les emprunts par besoin imposent des dettes, diminuent les revenus, mais les emprunts par spéculation donnent des bénéfices et accroissent la fortune.

Le système militaire de l'Europe oblige chaque puissance d'entretenir constamment sur pied des forces considérables : les guerres, si onéreuses et cependant inévitables, occasionent des dépenses énormes ; il faut alors, pour ne pas écraser d'impôt les contribuables, pour éviter le mécontentement, qui porte à l'insurrection, dont l'ennemi pourrait tirer parti, il faut bien faire des emprunts ; ces emprunts ne peuvent être remplis d'une manière avantageuse sans crédit, le crédit naît de la confiance, la confiance s'établit par l'exactitude des paiemens : cette exactitude prouve et la possibilité matérielle et la volonté morale ; personne ne doute. Ce n'est point un paradoxe d'assurer que les rentes d'une dette payées avec exactitude facilitent les emprunts. La défiance dans les momens de crise circonvient tous les gouvernemens : ceux qui sont forcés à contracter une première dette ne peuvent le faire sans mettre un nouvel impôt pour en servir les rentes ; le mécontentement fait naître le soupçon : seront-ils exacts à payer? Ils n'ont pas d'antécédent.

L'heureuse influence d'une dette perpétuelle, dans un état où l'impôt est voté par les chambres, ne me paraît point douteuse : cette dette présente à toutes les époques une forte garantie pour la tranquillité publique, car elle associe les intérêts d'un très-grand nombre de propriétaires à toutes les chances du gouvernement : elle forme cet esprit national qui en fait la force. Une dette considérable est un grand moyen de circulation du numéraire dont le mouvement périodique vivifie tous les membres du corps social.

Cette dette deviendrait bien plus utile, si on pouvait en faire une grande manufacture dont les produits, beaucoup supérieurs à l'intérêt des emprunts, serviraient à étendre ses opérations. Les intérêts composés en fournissent le moyen d'une manière plus sûre, car l'état n'aurait à redouter aucune banqueroute, les valeurs seraient sans cesse dans ses caisses, elles seraient valeur *en lui-même*. L'amortissement simple remet le débiteur dans le même état de fortune où il était avant l'emprunt : mais si l'amortissement composé, ainsi que je crois l'avoir prouvé, libère le débiteur dans le même temps, et ajoute à sa fortune, en acquérant plus qu'il ne devait, il est incontestable qu'il se conduit comme un spéculateur qui emprunterait à 5 pour placer à 10.

Si ce spéculateur pouvait doubler les termes de la progression géométrique du remboursement composé, en recevant tous les 3 mois les intérêts qu'il préterait, et les replaçant par trimestre, il est hors de doute qu'il capitaliserait ses fonds très rapidement. Par exemple, si le gouvernement prélevait sur la dotation de l'amortissement une somme de 30,500,000 fr. par an pour être prétée à 3 p. °/ₒ payables comme l'impôt, et que les intérêts de ce prêt fussent replacés par trimestre au même taux, il est démontré, par les calculs du tableau D, que cette partie de la dotation capitaliserait, à 3 p. °/ₒ, au bout de 40 ans ou de 160 semestres (durée du remboursement simple de la dette actuelle, à peu près double de la dotation), une somme de 863,226,250 fr. de rentes, pendant que ces mêmes 30,500,000 fr., agissant par semestre au cours 100 ou à 5 p. °/ₒ, ne pourraient capitaliser dans le même temps que 755,837,500 de rentes : cette différence enorme de plus 107,000,000 de rentes prouve toute la prééminence des intérêts composés.

Pour accélérer les effets salutaires d'une caisse de secours ainsi organisée, il serait convenable d'admettre le système des emprunts par spéculation (Tableau c.)

Je vais mettre sous les yeux du lecteur les modifications que je demande dans l'emploi de la dotation actuelle de l'amortissement, montant à la somme de 77,503,204 fr.

1° Pour dégrèvement annuel d'impôt	30,000,000 fr.
2° Pour être versés dans la caisse de secours	30,500,000
3° Pour force suffisante à l'extinction de la dette pendant 40 ans (Tableau E)	6,400,000
4° Pour ramener toutes les rentes 3 p. °/ₒ, 4 ½ p. °/ₒ à rentes 5 p. °/ₒ, au plus	10,603,204
Somme égale	77,503,204

NOTA. Le surplus de cette somme 10,603,204 serait versé à la caisse de secours.

Ce changement serait tout au profit des contribuables, car si on voulait supprimer entièrement la dette, elle serait éteinte aussitôt qu'elle le sera par le système actuel. Le peuple recevrait par an un dégrèvement de 30,000,000, au lieu de 3,875,616, valeur au plus des rentes éteintes par le remboursement simple. Enfin il aurait acquis, par la caisse de secours (Tableau D), à la fin de ces 40 ans, une somme à peu près égale à la totalité de l'impôt qui pèse maintenant sur la France, si jusqu'à cette époque cette caisse n'eût versé aucuns fonds pour les besoins de l'État : enfin cette caisse aurait rendu de grands services dans tous les départemens.

ETABLISSEMENT
D'UNE CAISSE DE SECOURS ET DE RÉSERVE.

Faire passer dans les provinces l'argent des capitalistes de Paris et des pays étrangers, forcer partout l'intérêt à la baisse, élever le crédit en assurant aux préteurs et à l'État de grands avantages, offrir des secours là où pèserait le malheur, fournir aux propriétaires de l'argent à 3 p. °/o avec toute facilité de remboursement ; les protéger ainsi plus puissamment que la loi contre la cupidité des usuriers, placer des fonds considérables en réserve pour ces grandes crises que tous les États éprouvent à peu près périodiquement, remettre tous les ans 30 millions d'impôt aux contribuables, tel est le but, telles sont les fonctions de la caisse dont je propose l'établissement, et dont mes calculs fournissent les moyens, sans rien changer à la durée de la liquidation de la dette actuelle exécutée d'après la loi du 1er mai 1825.

Toutes les opérations de cette caisse soumises au contrôle de la chambre des comptes, l'emploi des fonds qui lui seraient confiés, déterminé tous les ans par une loi, la préserveraient des abus qu'on pourrait redouter dans un gouvernement absolu.

Cette caisse serait une succursale de celle des dépôts et consignations.

SES RECETTES.

1° 30,500,000 fr. pris par an sur l'excès de puissance des intérêts composés de l'amortissement actuel.

2° Tous les capitaux des emprunts spéculatifs provenant de la vente des rentes à l'enchère que le gouvernement jugerait convenable de faire.

3° Les intérêts de toutes les sommes dont il serait fait prêt à 3 p. °/o dans tous les départemens par les receveurs généraux.

SES DÉPENSES.

Cette caisse, en compte ouvert avec le trésor, avec la caisse d'amortissement et avec les receveurs généraux, remettrait tous les semestres :

1° Au trésor, la somme nécessaire pour payer les rentes des emprunts par spéculation;

2° A la caisse d'amortissement, les dotations de ces mêmes emprunts;

3° Elle ferait passer aux receveurs généraux, proportionnellement à l'impôt foncier de chaque département, le reste de tous les fonds qui se trouveraient dans ses caisses;

4° Les frais de son administration.

SON ADMINISTRATION.

Elle serait fixée par une ordonnance royale qui déterminerait toutes les mesures de détail de ses opérations réduites au plus grand état de simplicité; il lui serait défendu expressément d'entreprendre toute autre affaire, de quelque nature qu'elle fût. Cette défense infligerait une peine sévère et déterminée pour l'infraction de la loi.

DU PRÊT.

Le prêt serait à 3 p. °/₀. L'intérêt serait payé comme l'impôt, par trimestre, exécutoire comme lui. Les époques du remboursement seraient à la volonté du débiteur. Ce remboursement pourrait être fait par sommes partielles dont le minimum serait fixé par une ordonnance royale, mais sans aucun frais, sous quelque prétexte que ce fût.

DE LA SOLIDITÉ DU PRÊT.

La solidité du placement reposerait sur le certificat de non hypothèque, ou de sa valeur, et sur le rôle de l'impôt foncier; la moitié ou le tiers du capital libre au denier 20 serait la limite de la somme prêtée.

Les rentes de l'état pourraient aussi servir de garantie jusqu'à la réduction déterminée par une loi. Les inscriptions seraient déposées à la caisse des consignations, sur récépissé, par l'intermédiaire des receveurs généraux.

Le titre du prêteur serait fait sur papier timbré *ad hoc* et à la charge du débiteur; il ne serait passible d'aucun droit d'enregistrement.

Les receveurs généraux se créditeraient, dans leurs comptes rendus tous les trimestres, de leurs frais de bureau et du droit de commission, qui leur seraient alloués par une ordonnance royale à titre d'abonnement.

Toutes les dépenses et les non-valeurs seraient couvertes par les recettes de la caisse (Tab. D.)

Je terminerai ce mémoire, sans doute déjà trop long, par faire observer que cette caisse paierait par semestre les intérêts des emprunts spéculatifs, et qu'elle capitaliserait par trimestre les intérêts qui lui seraient dûs; que la différence des cours des emprunts n'influerait en rien sur les résultats des intérêts composés, car les durées des libérations seraient toujours en raison inverse des intérêts, conséquemment le nombre des termes de la progression géométrique grandirait ou diminuerait, comme l'intérêt diminuerait ou augmenterait (voir tableau L pour la capitalisation de l'unité par an, semestre ou trimestre, à l'intérêt 3, 4, 5, 6 ou 7 p. °/₀).

Je dirai encore que le système des emprunts à l'enchère placerait le trésor hors des oscillations de la bourse; en effet, si le cours montait, l'amortissement, à la vérité, rachèterait moins de rentes, mais elles auraient plus de valeur à la vente pour emprunt et *vice versâ*.

J'observerai enfin que les débiteurs de la caisse de secours reviendraient eux-mêmes à partage dans ses bénéfices, car la remise des impôts qu'ils obtiendraient diminuerait encore le taux de l'intérêt des sommes qu'ils auraient empruntées.

La discussion sur l'extinction de la dette, ou sur sa conservation, alors que la logique et les mathématiques se sont prêté un secours mutuel pour prouver l'utilité de son existence, ne doit plus paraître qu'une dispute de mots. Le maintien de la dette supprime le besoin de la dotation, il est un moyen simple et commode d'augmenter les revenus de l'état en fournissant continuellement une pâture suffisante aux intérêts composés.

Si, par des raisons que je ne puis combattre faute de les connaître, mon projet n'est point accepté, j'aurai rêvé le bonheur de la France, j'aurai la consolation d'avoir essayé de rendre un très-grand service à mon pays et à mon roi : je ne regretterai pas mes veilles.

Élevé sur l'affût d'un canon, mon esprit n'a point été façonné dans les camps aux charmes de l'éloquence, et peut-être la simplicité convient-elle mieux aux vérités mathématiques dont le nu doit relever la beauté, parce qu'il met à découvert sa force musculeuse. C'est un athlète qui se dépouille de ses ornemens pour mieux combattre.

Hic agitur de rebus et non de verbis.

EXAMEN

DE LA

LOI SUR LA DETTE DE L'ÉTAT,

En date du 1er mai 1825, dont l'exécution a été arrêtée provisoirement pour 5 ans, à partir du 22 juin 1825, jusqu'au 22 juin 1830.

A l'époque où une loi doit être maintenue ou changée, il est du devoir d'un ami de son pays d'en signaler les défauts.

1° La loi du 1 mai 1825 sur les finances est injuste envers tous les créanciers.

2° La loi est nuisible aux intérêts des contribuables, par la perte de plus de *trente millions par an.*

3° Les mesures que prescrit la loi sont en opposition avec le but qu'elle se propose.

1°. — INJUSTICE DE LA LOI.

La force d'amortissement, qui agissait à intérêts composés le 21 juin 1825, était de 77,503,204 : cette dotation avait été, pour la classe des rentiers des emprunts faits à l'enchère, une des conditions qui avait déterminé l'élévation de leurs offres ; les priver arbitrairement de cet avantage, était sans doute une violation de leur droit ; mais enlever à la plus grande partie de ces créanciers la totalité de cette dotation, pour en donner la jouissance exclusive au plus petit nombre, était encore bien plus injuste : le partage proportionnel était d'une stricte équité.

Si le gouvernement avait le droit de rembourser au *pair*, il fallait rembourser indistinctement tous les rentiers : ce droit n'existait pas ; mais fût-il juste, l'état devrait y renoncer, car il y a perte pour les contribuables à ne pas continuer l'amortissement au-delà du *pair* avec les intérêts composés : l'état devrait y renoncer, car l'exercice de ce droit rendrait son crédit stationnaire, il arrêterait la prospérité de ses finances : que deviendrait le remboursement à l'enchère d'un emprunt fait au *pair*? Il ne pourrait être pour le prêteur qu'un remboursement au rabais : qui voudrait prêter au-dessus de 100? Comment l'intérêt pourrait-il baisser au-dessous de 5 p. °/₀!

Dira-t-on qu'il serait possible de faire des emprunts à des taux différens? sans nul doute, si ces emprunts n'étaient pas faits dans les mêmes circonstances : mais si ces emprunts jouissaient tous de la même faveur de remboursement, s'ils étaient tous payés exactement par la même caisse, s'ils avaient même hypothèque, l'intérêt pour 100 de tous ces emprunts se nivélerait, et il deviendrait indifférent de vendre la rente, n'importe de quel emprunt, pour contracter une nouvelle dette : la multiplicité des rentes à divers taux est inutile; elle est immorale, car elle favorise l'agiotage; elle est nuisible, parce qu'elle complique la comptabilité du trésor et augmente ses dépenses.

Voici bien une autre difficulté. Le ministère pouvait-il confondre le rentier 5 p. °/₀ réduit au 1/3 de son revenu par la banqueroute, avec les autres créanciers 3 p. °/₀ : le *pair* eût été 100 pour ces derniers, et il se réduirait à 33 1/3 pour les victimes malheureuses de nos désastres. Ne serait-ce pas révolutionner une seconde fois les débris de leur fortune? Cette loi est donc injuste, et d'autant plus injuste qu'elle n'était imposée par aucune nécessité.

2°. — PRÉJUDICE DE LA LOI.

La loi est nuisible aux intérêts des contribuables, si les changemens qu'elle prescrit sont moins utiles que les opérations qui eussent été faites.

Voyons ce qui sera fait en vertu de cette loi pendant les 5 ans de son exécution.

Comparons ce qui aurait été opéré sans elle pendant le même temps. Le ministère méditait un emprunt en 1824, il voulait pourvoir sans impôt au paiement de la rente de cette nouvelle dette; ses intentions étaient louables, ses conceptions ne furent pas heureuses.

La conversion de 30 millions rentes 5 p. °/₀ en 24 millions rentes 3 p. °/₀ données à 75, mettait 6 millions par an à la disposition du trésor.

La suppression des intérêts composés laissait libre la disposition des rentes acquises, qui étaient réunies chaque semestre à la dotation de l'amortissement.

La loi fut sanctionnée; les rentes 3 p. °/₀ qui n'étaient que les 3/5 des 5 p. °/₀, furent achetées de prime abord à 75 par l'amortissement dont le devoir était de racheter au rabais pour le compte des contribuables dont il n'est que le mandataire. Il est vrai que s'il eût acheté au-dessous du cours de 75 pour 3, la loi devenait une véritable déception pour les rentiers convertis. La valeur des rentes 3, pouvait s'élever de 75 à 100; telles étaient les limites fixées par l'esprit de la loi : le terme moyen de ces limites était 87 f. 50 c.

La loi, en défendant de racheter au-dessus du pair, fixait à 100 le maximum des rentes 5 p. °/₀.

Prenant ces deux cours fixés par la loi pour baser des calculs, la dotation 77,503,204 devait éteindre par an, 2,657,149 f. 85 c. (au cours 87,50 pour 3), ce qui devait donner pendant 5 ans la somme de rentes 3 p. °/₀ éteintes, 13,285,749 f. 25 c. Mais si, au lieu de supprimer les intérêts composés, la loi eût autorisé à prélever sur cette même dotation de..... 77,503,204 f.

les deux sommes dont le ministère avait besoin, formant ensemble.. 8,657,150

Savoir : réduction des rentes, 6 millions, et rentes éteintes, 2,657,150,

La dotation ainsi réduite eût été par an de................. 68,846,054

Et par semestre, de... 34,423,027

Opérant à intérêts composés sur les rentes 5 p. °/₀ (au cours 100 fixé par la loi); ce reste de dotation eût eu assez de force pour acquérir pendant cinq ans ou 10 semestres, rentes.............. 21,648,456 f. 69 c. 5 p. °/₀

au lieu de celles 3 p. °/₀ éteintes, ne montant qu'à... 13,285,749 f. 25 c. 3 p. °/₀

Perte... 6,362,707 f. 44 c. 5 p. °/₀

au capital de 167,254,146 f. dans le seul espace de 5 ans.

PREUVE.

AMORTISSEMENT COMPOSÉ.	DOTATION À INTÉRÊTS COMPOSÉS	RENTES ACQUISES.
Du 22 juin 1825, au 22 décembre 1825...	34,423,027	1,721,151 35
idem 1826 au 22 juin....... 1826...	36,144,176 35	1,807,206 91
idem 1826 au 22 décembre 1826...	37,951,387 26	1,897,569 36
idem 1827 au 22 juin....... 1827...	39,848,956 62	1,992,447 83
idem 1827 au 22 décembre 1827...	41,841,404 45	2,092,070 22
idem 1828 au 22 juin...... 1828...	43,933,474 67	2,196,673 73
idem 1828 au 22 décembre 1828...	46,130,148 40	2,306,507 42
idem 1829 au 22 juin....... 1829...	48,436,655 82	2,421,832 79
idem 1829 au 22 décembre 1829...	50,858,488 61	2,542,924 43
au 22 juin..... 1830...	53,401,413 04	2,670,070 65
TOTAL des rentes qui auraient été acquises..........		21,648,456 69

La loi a donc été très-nuisible aux intérêts des contribuables. Elle le deviendrait bien plus par la suite, si on la maintenait, par la raison que la force des intérêts composés augmente d'autant plus d'intensité, que le nombre des formes de leur progression géométrique devient plus grand.

On dira peut-être qu'on ne peut comparer les rentes 3 p. °/₀ avec les rentes 5 p. °/₀ dont les valeurs sont différentes.

Cette objection est sans fondement; en effet : 3 à 75 et 1 à 25 donnent tout aussi bien cours 100 pour rente 4 convertie, que rente 5 au pair donne cours 100. Qu'importe la valeur nominale des rentes? La valeur nominale disparaît avec la rente, quelle que soit la somme de son remboursement : la rente est la véritable mesure de la dette ; une rente éteinte quelle qu'elle soit, 3 p. °/₀, 4 p. °/₀, 5 p. °/₀ ne laisse après sa mort rien de son capital nominal à la charge de ses héritiers. C'est le nombre des rentes liquidées qui effectue positivement la diminution de la dette.

3°. — INCONSÉQUENCE DE LA LOI.

L'intention de la loi est de soulager les contribuables, elle réduit une partie des rentes 5 p. °/₀ dues par l'état de 5 à 4.

Elle diminue donc cette portion de la dette de....... 20 pour 100
Mais l'exécution de la loi élève la dette de .... 33 $^{1}/_{3}$ pour 100
Car si 3 donnent 100, 5 réduits à 4 valent............ 133 $^{1}/_{3}$

Première inconséquence.

La loi promet au rentier 4 converti la restitution de son capital par 3 à 75.

La loi lui promet le dédommagement de la perte de son revenu par 3 à 100.

Mais la loi n'assure au créancier aucune garantie pour le remboursement de son capital.

Mais la loi supprime les intérêts composés qui pouvaient le plus accélérer l'élévation du cours de 75 à 100.

Seconde inconséquence.

La loi du 1er mai 1825 est injuste envers tous les créanciers, injuste envers les rentiers 5 p. °/₀ qu'elle a dépouillés de l'amortissement, injuste envers les rentiers convertis, qui n'ont reçu ni leurs capitaux, ni le dédommagement de la perte de leur revenu.

La loi est nuisible aux intérêts des contribuables dont elle diminue la dette beaucoup plus lentement.

Son but et ses moyens sont en opposition.

Il est donc d'une urgente nécessité d'en arrêter les funestes effets.

DÉTAIL

Des preuves mathématiques pour les principes qui servent de base au plan que je propose.

TABLEAU A ET A[1].

L'amortissement actuel comparé à l'amortissement à intérêts composés dans 5 hypothèses, l'intérêt à 3, 4, 5, 6, 7 pour 100.

Excès de puissance de l'amortissement composé.

TABLEAU B.

L'amortissement composé procure de grands bénéfices en opérant au-delà du *pair*.

TABLEAU C.

Preuve que les intérêts composés placent la dotation de l'emprunt à un intérêt plus élevé que celui qu'impose l'emprunt. Preuve que les emprunts par spéculation peuvent donner de grands profits.

TABLEAU D.

Preuve qu'une partie de la dotation, 30,500,000, prêtée à 3 p. 100, payable par trimestre, et replacée de même à intérêts composés, serait plus utile aux contribuables qu'en agissant sur la dette, pour laquelle elle n'est pas nécessaire.

TABLEAU E.

Preuve que les intérêts composés n'ont besoin que de 6,400,000 pendant 80 semestres, tandis qu'il faut à l'amortissement actuel 77,503,204, pendant 40 ans ou 80 semestres, pour éteindre la même dette supposée double de la dotation.

TABLE L.

Preuve du nombre de fois que l'unité est capitalisée au moyen des intérêts composés.

Par { an............ / semestre...... / trimestre...... } .... pour l'intérêt à { 3 p. 100 / 4 id. / 5 id. / 6 id. / 7 id. } en supposant la dotation égale à l'intérêt.

Pour servir à la vérification de tous les calculs de mon système.

TABLEAU A'.

MESURE

De la surabondance de force de l'Amortissement composé, pendant la durée du temps nécessaire au remboursement simple de la Dette, déterminée depuis le Cours 71 3/7 (7 p. °/o) jusqu'au Cours 166 2/3 (3 p. °/o) (suite des Calculs du tableau A).

N° 1. — 3 p. °/o, cours à 166 2/3.

Années.	Dotation accrue de toutes les rentes acquises.	Excès de puissance en rentes acquises.
24	1 04 56	0 03 13
25	2 03 13	0 06 09
26	2 09 22	0 06 27
27	2 15 49	0 06 46
28	2 21 95	0 06 65
29	2 28 60	0 06 85
30	2 35 45	0 07 06
31	2 42 51	0 07 27
32	2 49 78	0 07 49
33	2 57 27	0 07 71
1/3	0 38 32	0 02 64
	Total..	0 67 62

N° 2. — 4 p. °/o, cours à 125.

Années.	Dotation accrue de toutes les rentes acquises.	Excès de puissance en rentes acquises.
18	0 61 75	0 02 47
19	2 02 47	0 08 09
20	2 10 56	0 08 42
21	2 18 98	0 08 75
22	2 27 73	0 09 10
23	2 36 83	0 09 47
24	2 46 30	0 09 85
25	2 56 15	0 10 24
	Total..	0 66 39

N° 3. — 5 p. °/o, cours à 100.

Années.	Dotation accrue de toutes les rentes acquises.	Excès de puissance en rentes acquises.
15	1 56 11	0 07 80
16	2 07 80	0 10 39
17	2 18 19	0 10 90
18	2 29 09	0 11 45
19	2 40 54	0 12 02
20	2 52 56	0 12 62
	Total..	0 65 18

N° 4. — 6 p. °/o, cours à 83 1/3.

Années.	Dotation accrue de toutes les rentes acquises.	Excès de puissance en rentes acquises.
12	0 19 17	0 01 15
13	2 01 15	0 12 06
14	2 13 21	0 12 79
15	2 26	0 13 56
16	2 39 56	0 14 37
2/3	1 69 28	0 10 15
	Total..	0 64 08

N° 5. — 7 p. °/o, cours à 71 3/7.

Années.	Dotation accrue de toutes les rentes acquises.	Excès de puissance en rentes acquises.
11	1 48 86	0 10 42
12	2 10 42	0 14 72
13	2 25 14	0 15 75
14	2 40 89	0 16 86
3/7	0 73 64	0 05 15
	Total..	0 62 90

RÉCAPITULATION.

Puissance	N° 1	0 67 62
Idem	N° 2	0 66 39
Idem	N° 3	0 65 18
Idem	N° 4	0 64 08
Idem	N° 5	0 62 90
		3 26 17 | 5
Terme moyen		0 65 23

OBSERVATION.

Il est facile de voir que la puissance des Intérêts composés croît comme le temps nécessaire au remboursement simple.

Que le temps, au contraire, décroît quand l'Intérêt augmente.

Conséquemment la puissance devient d'autant plus grande que l'Intérêt s'élève davantage au-dessus du *Pair*.

Il y a donc perte évidente à poser cette limite malencontreuse à l'amortissement composé.

Tableau A.

De différens, dont le Pair est le centre, et rapportées à la durée

No 1.

L'intérêt à 3 pour %, ou le cours 83 1/3.

	AMORTISSEMENT SIMPLE.			AMORTISSEMENT COMPOSÉ.		
Années.	Dotation.	Rentes éteintes chaque année.	Sommes payées aux rentiers.	Dotation accrue des rentes acquises.	(Rentes) acquises chaque année. (cut off)	Sommes payées aux rentiers.
1	1	0 03	0 97	1	0 03	0 94
2	1	0 03	0 94	1 03	0 03	0 87 64
3	*id.*	*id.*	0 91	1 06 09	0 03	0 80 90
4	.	. . .	0 88	1 09 27	0 03	0 73 76
5	.	. . .	0 85	1 12 54	0 03	0 66 19
6	.	. . .	0 82	1 15 91	0 03	0 58 17
7	.	. . .	0 79	1 19 38	0 03	0 49 67
8	.	. . .	0 76	1 22 96	0 03	0 40 66
9	.	. . .	0 73	1 26 64	0 03	0 31 10
10	.	. . .	0 70	1 30 43	0 03	0 20 97
11	.	. . .	0 67	1 34 34	0 04	0 10 23
12	.	. . .	0 64	1 38 37	0 04	. . . 0
13	.	. . .	0 61	1 42 52	0 04	
14	.	. . .	0 58	1 46 79	0 04	
15	.	. . .	0 55	1 51 19	0 04	
16	.	. . .	0 52	1 55 72	0 04	
17	.	. . .	0 49	1 60 39	0 04	
18	.	. . .	0 46	1 65 20	0 04	
19	.	. . .	0 43	1 70 15	0 05	6 13 29
20	.	. . .	0 40	1 75 25	0 05	
21	.	. . .	0 37	1 80 50	0 05	
22	.	. . .	0 34	1 85 91	0 05	
23	.	. . .	0 31	1 91 48	0 05	
24	.	. . .	0 26	0 92 66	0 02	
25	.	. . .	0 25			
26	.	. . .	0 22			
27	.	. . .	0 19			
28	.	. . .	0 16			
29	.	. . .	0 13			
30	.	. . .	0 10			
31	.	. . .	0 07			
32	.	. . .	0 04			
33	.	. . .	0 01			
1/3	1/3	0 01	. 0			
		1 . .	16 17		1 . .	

COMPARAISON.

		Arg(ent) (cut off)	Temps.
			ans.
Dépense.	Amortissement simple.....	16	16 66
	Amortissement composé...	12	11 89
Économie du composé		3	4 77

No 5.

L'intérêt à 7 pour %, ou le cours à 71 3/7.

	AMORTISSEMENT SIMPLE.			AMORTISSEMENT COMPOSÉ.		
Années.	Dotation.	Rentes éteintes chaque année.	Sommes payées aux rentiers.	Dotation accrue des rentes acquises.	Rentes acquises chaque année.	Sommes payées aux rentiers.
1	1	0 07	0 93	1	0 07	0 93
2	1	0 07	0 86	1 07	0 07 49	0 85 51
3	*id.*	*id.*	0 79	1 14 49	0 08 01	0 77 50
4	. .	. . .	0 72	1 22 50	0 08 57	0 68 93
5	.	. . .	0 65	1 31 07	0 09 17	0 59 76
6	.	. . .	0 58	1 40 24	0 09 81	0 49 95
7	.	. . .	0 51	1 50 05	0 10 50	0 39 45
8	.	. . .	0 44	1 60 55	0 11 23	0 28 22
9	.	. . .	0 37	1 71 78	0 12 02	0 16 20
10	.	. . .	0 30	1 83 80	0 12 86	0 03 34
11	.	. . .	0 23	0 47 71	0 03 34	. . . 0
12	.	. . .	0 16			
13	.	. . .	0 09			
14	.	. . .	0 02			
2/7	2/7	0 02	. . 0			
		1 . .	6 65		1 . . .	5 21 86

COMPARAISON.

		Argent.	Temps.
			ans.
Dépense.	Amortissement simple.....	6 65	14 28
	Amortissement composé...	5 21	10 25
Économie du composé		1 44	4 03

et non par semestre pour facilité de vérification ;

OBSERVATIONS.

* La Dotation et l'Intérêt de la Dette, sommes égales, sont représentées toutes les deux par l'unité (1) décimale.

Les Calculs sont faits sur les Intérêts et non sur les Cours correspondans, parce que ces quantités étant respectivement identiques, ils sont plus simples, et les résultats plus faciles à saisir.

Les Dépenses faites par les deux amortissemens pour le rachat de la Dette étant les mêmes au même Cours, je n'ai comparé que la durée des temps, et les sommes payées aux Rentiers.

TABLEAU A.

OPÉRATIONS

*De l'Amortissement simple et de l'Amortissement composé avec une Dotation égale à l'Intérêt de la Dette, * calculées à 5 Cours différens, dont le Pair est le centre, et rapportées à la durée du Remboursement simple.*

No 1.

L'INTÉRÊT à 3 POUR %, OU LE COURS à 166 1/3.

AMORTISSEMENT	SIMPLE.			COMPOSÉ.		
ANNÉES.	DOTATION.	RENTES éteintes chaque année.	SOMMES payées aux rentiers.	DOTATION accrue des rentes acquises.	RENTES acquises chaque année.	SOMMES payées aux rentiers.
1	1	0 03	0 97	1	0 03	0 97
2	1	0 03	0 94	1 03	0 03 09	0 93 91
3	id.	id.	0 91	1 06 09	0 03 18	0 90 73
4	.	. . . .	0 88	1 09 27	0 03 27	0 87 46
5	.	. . . .	0 85	1 12 54	0 03 37	0 84 09
6	.	. . . .	0 82	1 15 91	0 03 47	0 80 62
7	.	. . . .	0 79	1 19 38	0 03 58	0 77 04
8	.	. . . .	0 76	1 22 96	0 03 68	0 73 36
9	.	. . . .	0 73	1 26 64	0 03 79	0 69 57
10	.	. . . .	0 70	1 30 43	0 03 91	0 65 66
11	.	. . . .	0 67	1 34 34	0 04 03	0 61 63
12	.	. . . .	0 64	1 38 37	0 04 15	0 57 48
13	.	. . . .	0 61	1 42 52	0 04 27	0 53 21
14	.	. . . .	0 58	1 46 79	0 04 40	0 48 81
15	.	. . . .	0 55	1 51 19	0 04 53	0 44 25
16	.	. . . .	0 52	1 55 72	0 04 67	0 39 61
17	.	. . . .	0 49	1 60 39	0 04 81	0 34 80
18	.	. . . .	0 46	1 65 20	0 04 95	0 29 85
19	.	. . . .	0 43	1 70 15	0 05 10	0 24 75
20	.	. . . .	0 40	1 75 25	0 05 25	0 19 50
21	.	. . . .	0 37	1 80 56	0 05 41	0 14 09
22	.	. . . .	0 34	1 85 91	0 05 57	0 08 52
23	.	. . . .	0 31	1 91 48	0 05 74	0 02 78
24	.	. . . .	0 26	0 92 66	0 02 78	 0
25	.	. . . .	0 25			
26	.	. . . .	0 22			
27	.	. . . .	0 19			
28	.	. . . .	0 16			
29	.	. . . .	0 13			
30	.	. . . .	0 10			
31	.	. . . .	0 07			
32	.	. . . .	0 04			
33	.	. . . .	0 01			
1/3	1/3	0 01	. 0			
		1 . .	16 17		1	12 53 75

COMPARAISON.

	ARGENT.	TEMPS.
Dépense. Amortissement simple	16 17	ans. 33 33
Dépense. Amortissement composé	12 59	23 45
Économie du composé	3 58	9 88

No 2.

L'INTÉRÊT à 4 POUR %, OU LE COURS à 125.

AMORTISSEMENT	SIMPLE.			COMPOSÉ.		
ANNÉES.	DOTATION.	RENTES éteintes chaque année.	SOMMES payées aux rentiers.	DOTATION accrue des rentes acquises.	RENTES acquises chaque année.	SOMMES payées aux rentiers.
1	1	0 04	0 96	1	0 04	0 96
2	1	0 04	0 92	1 04	0 04 16	0 91 84
3	id.	id.	0 88	1 08 16	0 04 32	0 87 52
4	.	. . . .	0 84	1 12 48	0 04 49	0 83 03
5	.	. . . .	0 80	1 16 97	0 04 67	0 78 36
6	.	. . . .	0 76	1 21 64	0 04 86	0 73 50
7	.	. . . .	0 72	1 26 50	0 05 06	0 68 44
8	.	. . . .	0 68	1 31 56	0 05 26	0 63 18
9	.	. . . .	0 64	1 36 82	0 05 47	0 57 71
10	.	. . . .	0 60	1 42 29	0 05 69	0 52 02
11	.	. . . .	0 56	1 47 98	0 05 91	0 46 11
12	.	. . . .	0 52	1 53 89	0 06 15	0 39 96
13	.	. . . .	0 48	1 60 04	0 06 40	0 33 56
14	.	. . . .	0 44	1 66 44	0 06 65	0 26 91
15	.	. . . .	0 40	1 73 09	0 06 92	0 19 92
16	.	. . . .	0 36	1 80 01	0 07 20	0 12 79
17	.	. . . .	0 32	1 87 21	0 07 48	0 05 31
18	.	. . . .	0 28	1 32 75	0 05 31	0
19	.	. . . .	0 24			
20	.	. . . .	0 20			
21	.	. . . .	0 16			
22	.	. . . .	0 12			
23	.	. . . .	0 08			
24	.	. . . .	0 04			
25	.	0 04	0			
		1 . .	12 00		1	9 36 23

COMPARAISON.

	ARGENT.	TEMPS.
Dépense. Amortissement simple	12 00	ans. 25
Dépense. Amortissement composé	9 36	17 68
Économie du composé	2 64	7 32

No 3.

L'INTÉRÊT à 5 POUR %, OU LE COURS à 100.

AMORTISSEMENT	SIMPLE.			COMPOSÉ.		
ANNÉES.	DOTATION.	RENTES éteintes chaque année.	SOMMES payées aux rentiers.	DOTATION accrue des rentes acquises.	RENTES acquises chaque année.	SOMMES payées aux rentiers.
1	1	0 05	0 95	1	0 05	0 95
2	1	0 05	0 90	1 05	0 05 25	0 89 75
3	id.	id.	0 85	1 10 25	0 05 51	0 84 24
4	.	. . . .	0 80	1 15 76	0 05 78	0 78 46
5	.	. . . .	0 75	1 21 54	0 06 07	0 72 39
6	.	. . . .	0 70	1 27 61	0 06 38	0 66 01
7	.	. . . .	0 65	1 33 99	0 06 69	0 59 32
8	.	. . . .	0 60	1 40 68	0 07 03	0 52 29
9	.	. . . .	0 55	1 47 71	0 07 38	0 44 91
10	.	. . . .	0 50	1 55 09	0 07 75	0 37 16
11	.	. . . .	0 45	1 62 84	0 08 14	0 29 02
12	.	. . . .	0 40	1 70 98	0 08 54	0 20 48
13	.	. . . .	0 35	1 79 52	0 08 97	0 11 51
14	.	. . . .	0 30	1 88 49	0 09 42	0 02 09
15	.	. . . .	0 25	0 41 80	0 02 09	. . . 0
16	.	. . . .	0 20			
17	.	. . . .	0 15			
18	.	. . . .	0 10			
19	.	. . . .	0 05			
20	1	0 05	. . 0			
		1 . .	9 50		1 . . .	7 42 63

COMPARAISON.

	ARGENT.	TEMPS.
Dépense. Amortissement simple	9 50	ans. 20
Dépense. Amortissement composé	7 42	14 20
Économie du composé	2 08	5 80

No 4.

L'INTÉRÊT à 6 POUR %, OU LE COURS à 83 1/3.

AMORTISSEMENT	SIMPLE.			COMPOSÉ.		
ANNÉES.	DOTATION.	RENTES éteintes chaque année.	SOMMES payées aux rentiers.	DOTATION accrue des rentes acquises.	RENTES acquises chaque année.	SOMMES payées aux rentiers.
1	1	0 06	0 94	1	0 06	0 94
2	1	0 06	0 88	1 06	0 06 36	0 87 64
3	id.	id.	0 82	1 12 36	0 06 74	0 80 90
4	.	. . . .	0 76	1 19 10	0 07 14	0 73 76
5	.	. . . .	0 70	1 26 24	0 07 57	0 66 19
6	.	. . . .	0 64	1 33 81	0 08 02	0 58 17
7	.	. . . .	0 58	1 41 63	0 08 50	0 49 67
8	.	. . . .	0 52	1 50 33	0 09 01	0 40 66
9	.	. . . .	0 46	1 59 34	0 09 56	0 31 10
10	.	. . . .	0 40	1 68 90	0 10 13	0 20 97
11	.	. . . .	0 34	1 79 03	0 10 74	0 10 23
12	.	. . . .	0 28	1 70 50	0 10 23	. . . 0
13	.	. . . .	0 22			
14	.	. . . .	0 16			
15	.	. . . .	0 10			
16	.	. . . .	0 04			
2/3	2/3	0 04	. . 0			
		1 . .	7 84		1	6 13 29

COMPARAISON.

	ARGENT.	TEMPS.
Dépense. Amortissement simple	7 84	ans. 16 66
Dépense. Amortissement composé	6 13	11 89
Économie du composé	1 71	4 77

No 5.

L'INTÉRÊT à 7 POUR %, OU LE COURS à 71 3/7.

AMORTISSEMENT	SIMPLE.			COMPOSÉ.		
ANNÉES.	DOTATION.	RENTES éteintes chaque année.	SOMMES payées aux rentiers.	DOTATION accrue des rentes acquises.	RENTES acquises chaque année.	SOMMES payées aux rentiers.
1	1	0 07	0 93	1	0 07	0 93
2	1	0 07	0 86	1 07	0 07 49	0 85 51
3	id.	id.	0 79	1 14 49	0 08 01	0 77 50
4	.	. . . .	0 72	1 22 50	0 08 57	0 68 93
5	.	. . . .	0 65	1 31 07	0 09 17	0 59 76
6	.	. . . .	0 58	1 40 24	0 09 81	0 49 95
7	.	. . . .	0 51	1 50 05	0 10 50	0 39 45
8	.	. . . .	0 44	1 60 55	0 11 23	0 28 22
9	.	. . . .	0 37	1 71 78	0 12 02	0 16 20
10	.	. . . .	0 30	1 83 80	0 12 86	0 03 34
11	.	. . . .	0 23	0 47 71	0 03 34	. . . 0
12	.	. . . .	0 16			
13	.	. . . .	0 09			
14	.	. . . .	0 02			
2/7	2/7	0 02	. . 0			
		1 . .	6 65		1	5 21 86

COMPARAISON.

	ARGENT.	TEMPS.
Dépense. Amortissement simple	6 65	ans. 14 28
Dépense. Amortissement composé	5 21	10 25
Économie du composé	1 44	4 03

NOTA. — Le Capital de la Dette est le produit de la Dotation multipliée par le temps nécessaire au remboursement.

Le Cours, qui est le Capital de l'Intérêt rapporté à 100, est la mesure de l'Intérêt que donne le remboursement fait chaque jour.

Toutes les fractions du cinquième ordre sont négligées dans les opérations de l'amortissement à intérêts composés; elles sont faites par an et non par semestre pour facilité de vérification; sa puissance est donc beaucoup plus forte que celle que j'indique; car les Intérêts sont payés tous les six mois et disponibles.

OBSERVATIONS.

* La Dotation et l'Intérêt de la Dette, sommes égales, sont représentées toutes les deux par l'unité (1) décimale.

Les Calculs sont faits sur les Intérêts et non sur les Cours correspondans, parce que ces quantités étant respectivement identiques, ils sont plus simples, et les résultats plus faciles à saisir.

Les Dépenses faites par les deux amortissemens pour le rachat de la Dette étant les mêmes au même Cours, je n'ai comparé que la durée des temps, et les sommes payées aux Rentiers.

TABLEAU B.

x Amortissement simple d'une Dette rente 100, avec dotation 100 par an, ou 50 par semestre au Cours 100 pour rente 5.
y Amortissement à intérêts composés de la même Dette, dotation 95 par an, ou 47 50 par sem. au Cours 125 pour rente 5.

PREUVE

De la perte considérable que subissent les Contribuables à ne pas amortir la dette au-dessus du pair avec les intérêts composés.

x

AMORTISSEMENT SIMPLE.

Nº 1.	Nº 2.	Nº 3.	Nº 4.	Nº 5.	Nº 6.	Nº 7.
DETTE.	DOTATION.	SEMESTRES.	IMPOT pour la DOTATION	RENTES éteintes AU COURS 100.	RENTES dues aux RENTIERS.	IMPOT pour paiement du SEMESTRE.
100	100	1er	50	2 50	97 50	48 75
		2e	50	2 50	95 . .	47 50
		3e	50	2 50	92 50	46 25
		4e	50	2 50	90 . .	45 . .
		5e	50	2 50	87 50	43 75
		6e	50	2 50	85 . .	42 50
		7e	50	2 50	82 50	41 25
		8e	50	2 50	80 . .	40 . .
		9e	50	2 50	77 50	38 75
		10e	50	2 50	75 . .	37 50
		11e	50	2 50	72 50	36 25
		12e	50	2 50	70 . .	35 . .
		13e	50	2 50	67 50	33 75
		14e	50	2 50	65 . .	32 50
		15e	50	2 50	62 50	31 25
		16e	50	2 50	60 . .	30 . .
		17e	50	2 50	57 50	28 75
		18e	50	2 50	55 . .	27 50
		19e	50	2 50	52 50	26 35
		20e	50	2 50	50 . .	25 . .
		21e	50	2 50	47 50	23 75
		22e	50	2 50	45 . .	22 50
		23e	50	2 50	42 50	21 25
		24e	50	2 50	40 . .	20 . .
		25e	50	2 50	37 50	18 75
		26e	50	2 50	35 . .	17 50
		27e	50	2 50	32 50	16 25
		28e	50	2 50	30 . .	15 . .
		29e	50	2 50	27 50	13 75
		30e	50	2 50	25 . .	12 50
		31e	50	2 50	22 50	11 25
		32e	50	2 50	20 . .	10 . .
		33e	50	2 50	17 50	8 75
		34e	50	2 50	15 . .	7 50
		35e	50	2 50	12 50	6 25
		36e	50	2 50	10 . .	5 . .
		37e	50	2 50	7 50	3 75
		38e	50	2 50	5 . .	2 50
		39e	50	2 50	2 50	1 25
		40e	50	2 50	0	0
			2000	100		975

CONSTRUCTION DES DEUX TABLES CI-CONTRE x ET y.

Colonnes 1 et 8 indiquent dans les deux Amortissemens la Dette supposée de même force 100.
Id..... 2 et 9 montrent la Dotation de chacun d'eux, savoir 100 pour x et 95 pour y par an, parce que y remet aux Contribuables la valeur annuelle de la Rente éteinte par x.
Id...... 3 et 10 présentent le nombre respectif des semestres de la durée de chaque libération.
Id...... 4........ l'Impôt 50 pour la Dotation de x par semestre.
Id...... 11........ l'Impôt 47 50 pour la Dotation de y par semestre.
Id...... 12........ la Dotation de y avec les Intérêts composés par semestre.
Id...... 5 et 13 les Rentes éteintes par x et les Rentes acquises par y à chaque semestre.
Id...... 6 et 14 les Rentes qui restent dues aux Rentiers dans les deux suppositions.
Id...... 7 et 15 l'Impôt nécessaire pour les payer de part et d'autre à chaque semestre.

RÉSUMÉ POUR BALANCE.

	DÉPENSES. TEMPS.	DÉPENSES. ARGENT.	
x. Amortissement simple, dépense..................	40 semestres..................................	Nº 2. Dotation.... 2000 Nº 7. Rentes...... 975	2975
y. Amortissement composé, dépense..................	28 semestres 5 mois ½..................	Nº 11. Dotation.. 1330 Nº 15. Rentes..... 832 11	2162 11
Bénéfices au crédit de y, amortissement composé...	11 0 15 jours......	....	812 89

L'Amortissement composé y avec une Dotation moindre, diminuée par an de la valeur des Rentes éteintes par x, Remboursement simple et au Cours 125, fort élevé au-dessus du pair et beaucoup moins puissant que le Cours 100 employé par l'Amortissement simple x, met cependant beaucoup moins de temps et dépense bien moins d'impôt que x pour rembourser la même dette.

Au lieu de perte, ainsi qu'on le croit généralement, il y a donc beaucoup de bénéfice à continuer avec les Intérêts composés l'Amortissement de la Dette au-delà du pair.

Le bénéfice est alors partagé avec les Rentiers remboursés, ce dont il est facile de se convaincre par la comparaison des totaux des sommes payées par x et par y pour la restitution des capitaux portés dans les colonnes 4 et 12. Elles prouvent que la somme payée au Prêteur par y dépasse de 500 celle rendue par x pour remboursement du Capital prêté 2000.

Ce partage des profits entre le Prêteur et le Contribuable est le garant le plus certain du succès des emprunts et du crédit de l'État.

Telle est la puissance de ces Intérêts composés si peu compris et dont l'abandon nous est si préjudiciable.

y

AMORTISSEMENT COMPOSÉ.

Nº 8.	Nº 9.	Nº 10.	Nº 11.	Nº 12.	Nº 13.	Nº 14.	Nº 15.
DETTE PAR AN.	DOTATION PAR AN.	SEMESTRES.	IMPOT pour la DOTATION.	½ DOTATION à intérêts COMPOSÉS.	RENTES acquises AU COURS 125.	RENTES dues aux RENTIERS.	IMPOT pour paiement du SEMESTRE.
100	95	1e	47 50	47 50	1 90	98 10	49 05
		2e	47 50	49 40	1 97	96 13	48 07
		3e	47 50	51 37	2 05	94 08	47 04
		4e	47 50	53 42	2 13	91 95	45 97
		5e	47 50	55 55	2 22	89 73	44 86
		6e	47 50	57 77	2 31	87 42	43 71
		7e	47 50	60 08	2 40	85 02	42 51
		8e	47 50	62 48	2 49	82 53	41 26
		9e	47 50	64 97	2 59	79 94	39 97
		10e	47 50	67 56	2 70	77 24	38 62
		11e	47 50	70 26	2 81	74 43	37 21
		12e	47 50	73 07	2 92	71 51	35 75
		13e	47 50	75 99	3 03	68 48	34 24
		14e	47 50	79 02	3 16	65 32	32 66
		15e	47 50	82 18	3 28	62 04	31 02
		16e	47 50	85 46	3 41	58 63	29 31
		17e	47 50	88 87	3 55	55 08	27 54
		18e	47 50	92 42	3 69	51 39	25 69
		19e	47 50	96 11	3 84	47 55	23 77
		20e	47 50	99 95	3 99	43 56	21 78
		21e	47 50	103 94	4 15	39 41	19 70
		22e	47 50	108 09	4 32	35 09	17 54
		23e	47 50	112 41	4 49	30 60	15 30
		24e	47 50	116 90	4 63	25 93	12 96
		25e	47 50	121 57	4 86	21 07	10 53
		26e	47 50	126 43	5 05	16 02	8 02
		27e	47 50	131 48	5 25	10 77	5 38
		28e	47 50	136 73	5 46	5 31	3 65
		5m ½	38 06	132 75	5 31	0	0
			1330	2503 73	100		832 11

TABLEAU C.

Total *des opérations du remboursement d'un emprunt fait par spéculation à 5 p. 100.*

Dette 1 contractée par rente 1 vendue au cours 100................. Recette, capital 20.

Dotation 1, rente 1 par an, ou 0,50 pour chaque semestre, prélevées successivement sur le capital 20 de l'emprunt.

Calculs faits par semestre, 22 semestres 5 mois 1/2.

Durée du remboursement à intérêts composés.

SEMESTRES.	DETTE rente 1 vendue	CAPITAL de la vente	A DÉDUIRE dotation 0,50 rente 0,50 par semestre	RESTE à placer à 5 p. 100	1/2 RENTES acquises, à joindre par semestre.	DISPONIBLE pour le semestre suivant.	1/2 DOTATION à intérêts composés par semestre.	RENTES acquises à 5 pour 100
1er	1	20	0 50	19 50	0 48 75	19 98	0 50	0 02 50
2e	..	..	1 .	18 98	0 47 46	19 46	0 52 50	0 02 62
3e	..	..	1 .	18 46	0 46 15	18 92	0 55 12	0 02 75
4e	..	.	1 ..	17 92	0 44 80	18 37	0 57 87	0 02 89
5e	..	.	1 ..	17 37	0 43 42	17 80	0 60 76	0 03 03
6e	.	..	1 ..	16 80	0 42	17 22	0 63 80	0 03 19
7e		..	1 ..	16 22	0 40 56	16 63	0 66 99	0 03 34
8e	..	..	1 .	15 63	0 39 08	16 02	0 70 34	0 03 51
9e	..	..	1 ..	15 02	0 37 55	15 39	0 73 85	0 03 69
10e	.	..	1 ..	14 39	0 35 98	14 75	0 77 55	0 03 87
11e	..	..	1 ..	13 75	0 34 37	14 10	0 81 43	0 04 07
12e	..	..	1 ..	13 10	0 32 75	13 43	0 85 50	0 04 27
13e	..	..	1 ..	12 43	0 31 07	12 74	0 89 77	0 04 48
14e	..	..	1 ..	11 74	0 29 35	12 03	0 94 26	0 04 71
15e	..	.	1 ..	11 03	0 27 50	11 30	0 98 97	0 04 94
16e	..	..	1 ..	10 30	0 25 77	10 55	1 03 92	0 05 19
17e	..	..	1 ..	9 55	0 23 89	9 79	1 09 12	0 05 45
18e	..	..	1 .	8 79	0 21 99	9 01	1 14 58	0 05 72
19e	..	.	1 ..	8 01	0 20 04	8 21	1 20 30	0 06 01
20e	..	..	1 ..	7 21	0 18 04	7 39	1 26 32	0 06 31
21e	..	..	1 ..	6 39	0 15 99	6 55	1 32 64	0 06 63
22e	..	..	1 ..	5 55	0 13 89	5 69	1 39 27	0 06 96
23e	..	..	1 .	4 69	0 11 74	4 81	1 46 23	0 07 31
Il reste en caisse............................						4 81 de bénéfice.	20 70 09	1 03 44

Nota. Le fond de caisse doit être plus fort, parce que la rente acquise surpasse la dette de.. 0 03 44, parce que les fractions du dernier ordre ont été souvent négligées pour simplifier le calcul.

Ces calculs, tout évidens qu'ils sont, deviendraient illusoires, si l'on ne pouvait placer continuellement au même intérêt que celui de l'emprunt les restes disponibles successivement de son capital reçu d'avance; mais la Caisse de secours à 3 p. 100, dont je propose l'établissement, donnerait un produit bien autrement considérable, si l'intérêt du prêt était perçu comme l'impôt par 1/12, ou seulement par trimestre; car alors 4 placemens par an donnent 133 termes 1/3 de la progression géométrique, au lieu de 33 1/3 nécessaires pour le remboursement simple d'un capital à 3 p. 100.

Je prie encore d'observer que le bénéfice des emprunts par spéculation est bien différent de celui obtenu par la capitalisation.

Celui par la capitalisation impose des sacrifices actuels pour un meilleur avenir, il est acquis avec ses propres deniers.

L'autre est produit par les fonds d'autrui; il ne cause aucune privation; il est indépendant des contribuables.

Tous les deux sont également dus au génie des intérêts composés.

TRIMESTRE.	SOMMES placées à 3 p. 100, intérêt composé.	INTÉRÊTS à joindre à ces sommes.
1	7 625	228 750
2	7 853 750	235 612
3	8 089 362	242 680
4	8 332 042	249 961
5	8 582 003	257 460
6	8 839 463	265 183
7	9 104 546	273 136
8	9 377 682	281 330
9	9 659 012	289 770
10	9 948 782	298 463
1	10 247 245	307 417
2	10 554 662	316 639
3	10 871 301	326 139
4	11 197 440	335 923
5	11 433 363	343 000
6	11 776 363	353 290
7	12 129 653	363 889
8	12 493 542	374 806
9	12 868 348	386 050
20	13 254 398	397 631
1	13 652 029	409 560
2	14 061 589	421 847
3	14 483 436	434 503
4	14 917 939	447 538
5	15 365 477	460 964
6	15 826 441	474 793
7	16 301 234	489 037
8	16 790 271	503 708
9	17 293 979	518 819
30	17 812 798	534 383
1	18 347 181	550 415
2	18 897 596	566 927
3	19 464 523	583 935
4	20 048 458	601 453
5	20 649 911	619 497
6	21 269 408	638 082
7	21 907 490	657 224
8	22 564 714	676 941
9	23 241 655	697 249
40	23 938 904	718 167
1	24 657 071	739 712
2	25 396 783	761 903
3	26 158 686	784 760
4	26 943 446	808 303
5	27 751 749	832 552
6	28 584 301	857 529
7	29 441 830	883 254
8	30 325 084	909 752
9	31 234 836	937 045
50	32 171 881	965 156
1	33 137 037	994 111
2	34 131 148	1 023 934
3	35 155 082	1 054 652
4	36 209 734	1 086 292
5	37 296 026	1 118 880
6	38 414 906	1 152 447
7	39 567 353	1 187 020
8	40 754 373	1 222 631
9	41 977 004	1 259 310
60	43 236 314	1 297 089
1	44 533 403	1 336 002
2	45 869 405	1 376 082
3	47 235 487	1 417 064
4	48 652 551	1 459 576
5	50 112 127	1 503 363
6	51 615 490	1 548 464
7	53 163 954	1 594 918
8	54 758 872	1 642 766
9	56 401 638	1 692 049
70	58 093 687	1 742 810
1	59 836 497	1 795 094
2	61 631 591	1 848 947
3	63 480 538	1 904 416
4	65 384 954	1 961 548
5	67 346 502	2 020 395
6	69 366 897	2 081 006
7	71 447 903	2 143 437
8	73 591 340	2 207 740
9	75 799 080	2 273 972
80	78 073 052	2 342 191

TABLEAU D.

PARTIE

De la dotation actuelle.............................. 77,500,000

Disponible par an.............................. 30,500,000

par trimestre.............................. 7,625,000

Prêtée à 3 p. 100 dans les départemens, aux propriétaires victimes de quelques désastres, pendant 40 ans ou 160 trimestres, durée, par le remboursement simple à 5 p. 100, de l'extinction de la dette, 155,000,000, supposée double de la dotation.

Le produit des intérêts, pendant cette période de 40 ans, s'élèveront à plus de 855,000,000 de rentes (car j'ai négligé les fractions), l'intérêt, payable comme l'impôt, pourrait être placé tous les trois mois. Il y aurait donc 160 termes de la progression géométrique, et peut-être plus, par la raison que le prêt à 3 p. 100 avec toute facilité pour le remboursement, les emprunteurs ne manqueraient pas,

Cette table, *a*, *b*, *c*, d'arithmétique, est faite pour éclaircir les doutes sur les calculs logarithmiques, s'il pouvait en exister.

La raison géométrique de l'intérêt à 3 p. 100, a pour logarithme.............................. 0,012,837

Multipliant ce logarithme par le nombre des termes.............................. 160

On a le logarithme de l'unité capitalisée égal..... 2,053,920

Mais ce logarithme correspond au nombre rond (fraction négligée) de.............................. 113.21

qui indique combien de fois est capitalisée la valeur de 9.

Donc, si on multiplie cette valeur par le nombre des francs du 1er terme de la progression géométrique, on aura

113.21 × 7,625,000 = 863,226,250.

Il résulte de ce double calcul que cette partie de la dotation, inutile pour éteindre en 80 semestres la dette avec les intérêts composés à 5 p. 100, donnerait aux contribuables, par son placement à 3 p. 100, un revenu beaucoup plus grand qu'elle ne pourrait le faire en agissant sur la dette.

EN EFFET :

log. raison 5 p. 100 = 0,021189
multiplié par........ 80 nombre des termes,

donne log. de l'unité
capitalisée........ = 1,695120 = 49.55
moins fort que log. 2,053920 = 113,21
à 3 p. 100.

OR LES DEUX PRODUITS,

par le nombre des unités des 1ers termes des 2 progressions géométriques, sont :

1er intérêt 3 p. 100...... 1er terme, 7,625 = 863,226,250
2e intér. 5 p. 100..... 1er t., 15,250 × 49,55 = 755,837,500

Cette différence de.............................. 107,388,750

de rentes qui pourraient être acquises dans le même temps au profit des contribuables, me paraît une raison prépondérante pour l'admission de la mesure que je propose.

LE VICOMTE DE TISSEUIL.

TRIMESTRE.	SOMMES placées à 3 p. 100, intérêt composé.	INTÉRÊTS à joindre à ces sommes.
81	80 415 243	2 412 457
2	82 827 700	2 484 831
3	85 312 531	2 559 375
4	87 871 906	2 636 157
5	90 508 063	2 715 241
6	93 223 304	2 796 699
7	96 020 003	2 880 600
8	98 900 603	2 967 018
9	101 867 621	3 056 028
90	104 923 649	3 147 709
1	108 071 358	3 242 140
2	111 313 498	3 339 404
3	114 652 902	3 439 587
4	118 092 489	3 542 774
5	121 635 263	3 649 057
6	125 284 320	3 758 529
7	129 042 849	3 871 285
8	132 914 134	3 987 424
9	136 901 558	4 107 046
100	141 008 604	4 230 258
1	145 238 862	4 357 165
2	149 596 027	4 487 880
3	154 083 907	4 622 517
4	158 706 424	4 761 192
5	163 467 616	4 904 028
6	168 371 644	5 051 149
7	173 422 793	5 202 683
8	178 625 476	5 358 764
9	183 954 240	5 519 527
110	189 503 767	5 685 113
1	195 188 880	5 855 666
2	201 044 546	6 031 336
3	207 075 882	6 212 276
4	213 288 158	6 398 644
5	219 686 802	6 590 604
6	226 277 406	6 788 322
7	233 065 728	6 991 971
8	240 057 699	7 201 730
9	247 259 429	7 417 782
120	254 677 211	7 640 316
1	262 317 527	7 869 525
2	270 187 052	8 105 611
3	278 292 663	8 348 779
4	286 641 442	8 599 243
5	295 240 685	8 857 220
6	304 097 905	9 122 937
7	312 220 842	9 396 625
8	322 617 467	9 678 524
9	332 295 991	9 968 879
130	342 264 870	10 267 946
1	352 532 816	10 575 984
2	363 108 800	10 893 264
3	374 002 064	11 220 061
4	385 222 125	11 556 663
5	396 778 788	11 903 363
6	408 682 151	12 260 464
7	420 942 615	12 628 278
8	433 570 893	13 007 126
9	446 578 019	13 397 340
140	459 975 359	13 799 260
1	473 774 619	14 213 238
2	487 987 857	14 639 635
3	502 627 492	15 078 823
4	517 706 315	15 531 189
5	533 237 504	15 997 125
6	549 234 629	16 376 038
7	565 610 657	16 968 319
8	582 578 976	17 477 369
9	600 056 345	18 001 690
150	618 058 035	18 541 741
1	636 599 776	19 097 993
2	655 697 769	19 670 933
3	675 368 702	20 261 061
4	695 629 763	20 868 892
5	716 498 655	21 494 959
6	737 993 614	22 139 708
7	760 133 322	22 803 999
8	782 947 321	23 488 419
9	806 435 740	24 193 072
160	830 528 812	24 915 864

TABLEAU E.

Ces calculs, fort simples, prouvent d'une manière irrécusable qu'il ne faut aux intérêts composés qu'une force de 6.4 pour soulever un poids de 155, tandis que l'amortissement simple, actuellement en action, aurait besoin, dans le même temps et au même cours, et pour le même fardeau, d'une puissance de 77.5, douze fois plus forte que la première.

En effet, avec dotation, 77,500,000 par an, l'amortissement simple au cours 100, n'éteindrait par semestre que 1,937,500 de rentes, et ce nombre, multiplié par 80 semestres, donne 155 pour produit.

SEMESTRES.	FORCE suffisante, intérêts composés.	RENTES acquises, à 5 pour 100, par semestre.
1	3 200 000	160 000
2	3 360 000	168 000
3	3 528 000	176 400
4	3 704 400	185 220
5	3 889 620	194 481
6	4 054 101	204 205
7	4 258 306	214 415
8	4 502 721	225 136
9	4 727 857	236 392
10	4 964 249	248 212
11	5 212 461	260 623
12	5 473 084	273 654
13	5 746 738	287 336
14	6 034 074	301 703
15	6 335 777	316 788
16	6 652 565	332 628
17	6 985 193	349 259
18	7 334 452	366 722
19	7 701 174	385 058
20	8 086 232	404 311
21	8 490 543	424 527
22	8 915 070	445 753
23	9 360 823	468 041
24	9 828 864	491 443
25	10 320 307	516 015
26	10 836 322	541 816
27	11 379 139	568 906
28	11 947 044	597 352
29	12 544 396	627 219
30	13 171 615	658 580
31	13 830 195	691 509
32	14 521 714	726 085
33	15 247 789	762 389
34	16 010 178	800 508
35	16 810 686	840 534
36	17 651 220	882 561
37	18 533 781	926 689
38	19 460 470	973 023
39	20 433 493	1 021 674
40	21 455 167	1 072 758

Nota. Pour ne pas fatiguer la vue par la multiplicité des chiffres, j'ai négligé les fractions de francs. Les résultats doivent être évidemment plus forts.

IL EST FACILE DE LE PROUVER.

La raison de la progression géométrique, lorsque l'intérêt est à 5 pour 100, est.. 21/20,

Et le logarithme de cette raison............ = 0,021189;

Mais la durée de 80 semestres du remboursement simple, pendant 40 ans, d'une dette double de sa dotation, donne 80 termes de la progression géométrique, dont le dernier terme est la valeur de la capitalisation du 1er terme considéré comme unité.

Le produit du logarithme de la raison, par ce nombre de termes 80, sera donc le logarithme du nombre qui exprime combien de fois l'unité est capitalisée dans cet espace de temps.

Donc log. raison 5 p. 100, 0,021189 × 80 égale log. 1,695120, qui correspond dans les tables au nombre 49,86.

Or 49,86 × par 3,200,000, valeur du 1er terme de la progression géométrique 21/20, donne au produit 159,552,000, dont il faut déduire le 1er terme............. 3,200,000,

et le reste.. 156,352,000, sera le montant exact de la capitalisation, ou des rentes acquises par les intérêts composés, pendant quarante ans, avec dotation.. 6,400,000, ou pendant 80 semestres, avec dot................. 3,200,000.

SEMESTRES.	FORCE suffisante, intérêts composés.	RENTES acquises au cours 100 par semestre.
41	22 527 925	1 126 396
42	23 654 321	1 182 716
43	24 837 037	1 241 851
44	26 078 888	1 303 944
45	27 382 832	1 369 141
46	28 751 973	1 437 598
47	30 189 571	1 509 478
48	31 699 049	1 584 952
49	33 284 001	1 664 200
50	34 948 201	1 747 410
51	36 695 611	1 834 780
52	38 530 391	1 926 519
53	40 456 910	2 022 945
54	42 479 755	2 123 987
55	44 603 742	2 230 182
56	46 833 924	2 341 696
57	49 175 620	2 458 781
58	51 634 401	2 581 720
59	54 216 121	2 710 806
60	56 926 927	2 846 346
61	59 773 273	2 988 663
62	62 761 936	3 138 096
63	65 900 032	3 295 001
64	69 195 033	3 459 751
65	72 654 784	3 632 739
66	76 287 523	3 814 376
67	80 101 899	4 005 094
68	84 106 993	4 205 349
69	88 312 342	4 415 617
70	92 727 959	4 636 397
71	97 364 356	4 868 417
72	102 232 773	5 111 638
73	107 344 411	5 367 220
74	112 711 631	5 635 581
75	118 347 212	5 917 360
76	124 264 572	6 213 228
77	130 477 800	6 523 890
78	137 001 690	6 850 084
79	143 851 774	7 192 588
80	151 044 362	7 552 218
	158 596 580	

On objectera peut-être que la réduction de la force d'amortissement serait nuisible aux intérêts des contribuables, parce que, les premières années, la dotation moins forte rachèterait moins de rentes, et en laisserait conséquemment plus à leur charge.

Cette objection pourrait être fondée, si la réduction que je propose n'était pas faite au profit des contribuables; mais, dès la première année, ils recevraient un dégrèvement de 30,000,000 au lieu de 3,875,000 pour valeur des rentes éteintes par l'amortissement actuel; mais la dette serait plus tôt amortie.

Mais la Caisse de secours et de réserve capitaliserait pour eux des sommes tellement considérables, qu'avant l'extinction de la dette actuelle, elles pourraient remplacer une grande partie des impôts.

Mais, dès la dix-septième année, les rentes acquises par la nouvelle Caisse d'amortissement et par la Caisse de réserve seraient plus fortes que celles éteintes par le remboursement actuel. L'exécution de mon projet, moral et juste dans toutes ses parties, est tout à l'avantage des contribuables.

LE VICOMTE DE TISSEUIL.

TABLE L,

Qui indique, aux centimes près, le nombre de fois que l'unité est capitalisée par les intérêts composés, pour l'intérêt à 3 p. 100, à 4 p. 100, à 5 p. 100, à 6 p. 100, à 7 p. 100, par an, par semestre, par trimestre; et par mois, pour le prêt à 3 p. 100, dont la rente serait payable comme l'impôt.

INTÉRÊT.	RAISONS GÉOMÉTRIQUES.	LEURS LOGARITHMES.	LA DURÉE MULTIPLICATEUR.	PRODUITS LOGARITHMIQUES des derniers termes.	NOMBRE de la capitalisation de l'unité.	EXCÈS de puissance des intérêts composés.
				PAR AN.		
			ans.			
3 p. 100	.... $\frac{103}{100}$...	0 012 833 ...	... 33 1/3..	0 427 900	... 2 67 8	...... 0 67 8
4......	.... $\frac{104}{100}$...	0 017 033 ...	... 25	0 425 558	... 2 66 4	...... 0 66 4
5......	.... $\frac{105}{100}$...	0 021 189 ...	... 20	0 423 780	... 2 65 3	...... 0 65 3
6......	.... $\frac{106}{100}$...	0 025 306 ...	... 16 2/3..	0 421 766	... 2 64 1	...... 0 64 1
7......	.... $\frac{107}{100}$...	0 029 384 ...	... 14 2/7..	0 419 770	... 2 62 9	...... 0 62 9
				PAR SEMESTRE.		
3 p. 100	.... *id*.....	*id*.............	... 66 2/3..	0 855 800	... 7 17 4	...... 5 17 4
4......	.... *id*.....	*id*.............	... 50.......	0 851 650	... 7 10 6	...... 5 10 6
5......	.... *id*.....	*id*.............	... 40.......	0 847 560	... 7 03 9	...... 5 03 9
6......	.... *id*.....	*id*.............	... 33 1/3..	0 843 528	... 6 97 5	...... 4 97 5
7......	.... *id*.....	*id*.............	... 28 4/7..	0 839 542	... 6 91 1	...... 4 91 1
				PAR TRIMESTRE.		
3 p. 100	.... *id*.....	*id*.............	...133 1/3..	1 711 600	... 51 47 ...	..... 49 47
4......	.... *id*.....	*id*.............	...100.......	1 703 300	... 50 50 ...	..... 48 50
5......	.... *id*.....	*id*.............	... 80.......	1 695 120	... 49 55 ...	..... 47 55
6......	.... *id*.....	*id*.............	... 66 2/3..	1 657 056	... 48 64 ...	..... 46 64
7......	.... *id*.....	*id*.............	... 57 1/7..	1 679 084	... 47 76 ...	..... 45 76
				PAR MOIS.		
3 p. 100	.... *id*.....	*id*.............	...400.......	5 133 200	135 890......	135 888

Cette Table est soumise aux méditations des Députés de la France, pour mettre à nu sous leurs yeux la force gigantesque des intérêts composés.

Elle leur prouvera l'utilité dont serait, pour les contribuables, le prêt à 3 p. 100 d'une partie de l'excès de puissance de la dotation, dont les intérêts pourraient être facilement capitalisés par *trimestre*. Mais cette partie, capitalisée à 3 p. 100 par *trimestre*, donnerait excès de puissance 49 47 tandis qu'appliquée à l'amortissement de la dette, elle n'aurait par unité qu'un excédant de force de............ 5 17

Ce surplus.......... 44 25 est une mine féconde.

www.ingramcontent.com/pod-product-compliance
Lightning Source LLC
Chambersburg PA
CBHW070659050426
42451CB00008B/421